생각이 깊어지고 마음이 따뜻해지는 소박한 정화(情話)

마음의 숲에서만 들리는 작은 이야기

김주수 지음

교육과학사

프롤로그

이 책은 단문 아포리즘(aphorism)과 짧은 우화로 엮은 저의 수상록입니다. 철학적 깊이와 문학적 향기를 함께 지향하며, 누구나 한번쯤 생각해봐야 할 것들과 또 누구와도 함께 나눌 수 있는 속 깊은 이야기를 전하고 싶었습니다. 우리의 마음은 '이야기'를 나눌 때 전달되지요. 정담(情談)이나 정화(情話)는 혼자서가 아니라 누군가와 함께 있을 때, 그와 마음을 서로 나눌 때 이루어집니다.

이 책 속의 글들은 우리 가슴 속에 깃든 삶의 뜻깊고 따뜻한 숱한 이야기들을 더 많은 이들과 나누고 싶은 바람에서 쓴 것입니다. 삶의 고단함과 슬픔과 상처를 딛고 일어나 기꺼이 함께 웃고 정답게 이야기하며 더 밝고 따뜻한 삶으로 접어드는 작은 오솔길 같은 글이 되기를, 그래서 마음 어두운 누군가의 가슴에 작은 불씨가 되거나, 쓸쓸하고 목마른 어느 영혼의 기슭에 생수가 담긴 작은 표주박이 되어주기를…. 그로 하여 우리들의 가슴이 치유되고 꿈과 이상으로 가는 길에서 슬거운 눈빛과 숨결로 서로 만날 수 있기를!

삶은 매우 복잡하고도 또 매우 단순합니다. 우리에겐 누구나 그 복잡하고 단순한 삶의 길에서 마음을 나눌 누군가가 항상 필요합니다. 정녕 그들과의 깊고 따뜻한 마음의 교감이 이루어질 때라야 삶에 대한 진실한 행복에 닿을 수 있을 것입니다. 그런 점에서 우리는 늘 숨을 쉬듯, 늘 가슴을 열고 서로의 마음을 나누어야 할 것입니다.

우리는 오직 서로 마음을 나누기 위해서 태어났기 때문이요, 그 마음으로 끊임없이 새로운 교감과 사랑을 체험하기 위해서 살아가는 존재들이니까요.

숲에는 맑은 공기와 시간의 여백과 정화(淨化)의 발걸음이 깃들어 있습니다. 우리가 누구나 숲을 좋아하는 것은 그 때문이겠지요. 이 책은 제가 글로써 키우고 가꾼 '마음의 숲'입니다. 독자께서 이 숲 속을 거닐며 휴식과 위안과 치유와 생명력과 사색과 깨우침을 얻을 수 있었으면 좋겠습니다. 그리하여 독자들의 가슴 속에 있는 마음의 숲도 활짝 깨어났으면 좋겠습니다. 아울러 모든 이들 속에 깃들어 있는 그 마음의 숲이 서로서로 연결되었으면 좋겠습니다.

행복한 삶을 위해선 물질적 풍요 못지않게 정신적 풍요 또한 중요합니다. 때문에 우리는 늘 가치 있는 생각을 삶의 자양분으로 삼아야 할 것입니다. 마음의 지평을 넓히고 그곳에 생각의 나무를 심고 가꾸면, 우리 내면에는 '마음의 숲'이 맑은 그늘처럼 울창하게 펼쳐질 것입니다. 마음의 숲을 잘 가꾸는 이의 삶과 그렇지 않은 이의 삶은 결코 같지 않을 것입니다.

저는 이 책을 쓰는데 무려 12년의 시간이 걸렸습니다. 제 뜻과 달리 그렇게 오랜 시간이 걸린 데는, 제게 그럴 만한 질곡의 세월이 있었기 때문입니다. 제 지난 인생길에도 여러 차례 비바람이 불고 때로는 뜻하지 않은 태풍이 불어닥치기도 했습니다. 쓰러지고 흔들렸던 그 당시에는 너무 힘겨웠지만, 이제 그 고통의 시간 또한 지금의 저를 만든 거름이자 토양이었음을 받아들입니다. 그것이 없었다면 그늘이 아래로 내려가듯 제 마음의 숲도 더 깊어지는 시간을 가지지 못했을 것입니다.

이제 그 숲으로 난 길로 우리가 만날 때가 된 듯합니다. 벌은 1킬로그램의 꿀을 얻기 위해 무려 560만 송이의 꽃을 찾아다닌다고 합니다. 삶의 사색 속에서 좋은 글을 채취하고자 했던 제 마음도 이와 다르지 않았던 듯합니다. 누군가와 함께 하고픈 제 정화(情話)의 속삭임이 세상과 우리들의 가슴 속에 더 많이 울려 퍼지길 기원합니다.

2021년 취루재(聚婁齋)에서 김주수 씀

※ 이 책 속에 주로 등장하는 우화의 주인공인 운외옹(雲外翁) 외에, 이 글에 나오는 여러 인물은 실재 인물일지라도 모두 실제 있었던 일화가 아니라, 인물의 이미지만 빌려와 우화를 빚는 데 효과적인 소재로 삼은 것일 뿐입니다. 실제 사실이 아니라 모두 제가 지어낸 이야기임을 참고해주시기 바랍니다.

목 차

제2장 사랑과 행복한 삶을 위하여 ······ 69

제4장 지혜와 통찰을 위하여 179

제1장

치유와 성장을 위하여

성숙한 삶이란 문제가 없는 삶을 말하는 게 아니다.
문제를 겉으로 드러내서 해결하고자 애를 쓰는 것,
그것이 성숙한 삶이다.

문경보

아름다운 포기

실의에 빠져 오랜 시간을 방황과 우울로 고생했던 한 청년은
지나간 시간이 후회되어서 견딜 수가 없었다.
아무리 해도, 그 무엇으로도 그 소중한 시간을 되돌릴 수 없었다.
그것은 뒤돌아보면 돌아볼수록 더 깊이 빠지는 늪과 같았다.
그는 어느 날 운외옹(雲外翁)을 뵙고서 그런 한탄을 쏟아내며,
어찌하면 좋을지를 여쭈었다.
운외옹이 이르길
"흘러간 물은 물레방아를 돌리지 못한다네.
아름다움은 꽃에만 있는 게 아니라네.
포기할 것을 포기하고 잊어야 할 것을 잊는 데도 아름다움은 있지.
이런 걸 일러 '아름다운 포기'라고 한다네.
아무리 가슴이 쓰려도 때론 아름답게 포기해야 하는 게 있다네.
놓을 것을 놓지 않으면 삶이 어찌 흘러갈 수 있겠나?"

물의 파문

누군가와 사소한 일로 다툼이 생겨,
마음이 심히 상한 소심랑(小心郞)
시냇가에 앉아 돌멩이나 하나 둘 던지며
분을 삭히고 있었다.
그때 송하동자(松下童子)를 데리고서 낚시를 가르치던 운외옹이
그의 찡그린 얼굴을 보고서 왜 그러느냐고 물었다.
"왜 사람들과 진심이 통하긴 이렇게 어려운 줄 모르겠습니다.
시비(是非)를 논하기도 싫고,
사람들과 교유를 끊는 게 제일 상책일 듯합니다."
이에 운외옹이 이른다.
"자네가 물에 던진 저 돌을 보게나.
흐르는 물은 던져지는 돌에 파문을 그리지 않고 제 갈 길을 간다네.
누가 자네 마음에 돌을 던지든
그대 마음도 저 물처럼 파문을 그리지 않고 흘러가면 그만일 것일세."
소심랑은 문득 느낀 바가 있어
한참을 유유히 흘러가는 물을 바라다보았다.

고통의 의미

실의에 빠진 어떤 이가 운외옹을 만나 물었다.
"어떻게 하면 이 지긋지긋한 삶의 고통에서 벗어날 수 있을까요?"
"삶의 고통은 그 누구도 피할 수 없다네.
다만 '내 고통의 의미는 무엇일까?
이 고통 속에서 내가 배우고 깨우쳐야 할 것이 무엇일까?'
이런 질문을 던지며 그 의미를 찾는 이만이
고통에서 벗어날 수 있다네.
고통 또한 내게 필요해서 일어난 일이기에
그 이유를 알 때 고통은 나를 성장시키는 자양분이 된다네.
고통을 받아들이고 그 의미를 깨우치는 것만이
그것을 삶의 빛으로 바꾸는 유일한 길이라네."

자아 경계선

우울증이 걸린 사람이 청심녀의 상담소에 찾아왔다.
이 사람은 자신을 부정하며, 인생을 한탄했다.
청심녀가 그를 위로하며 말했다.
"자신을 부정하고서, 행복해질 수 있는 사람은
이 세상에 아무도 없답니다.
나는 이런 사람이야, 라는 자아 관념은
자신의 존재를 가르는 경계선이 되고
삶 또한 그 경계선을 따라 움직인답니다.
그래서 부정적인 자아 관념을 가지면
일평생 그 관념의 테두리 안에만 머물게 될 것입니다.
자신에 대한 관념은 누가 만들었을까?
그것은 단지 자신의 생각이 만든 것입니다.
그 생각을 지우면, 자신에 대한 느낌과 이미지가 달라질 것입니다.
나는 이런 사람이다, 라는 것은 생각이고,
자신의 생각이 더해진 믿음일 뿐입니다.
삶은 마음의 그림자와 같아서
자신에 대한 새로운 생각, 새로운 믿음을 가지는 것은
인생을 바꿀 수 있는 첫걸음이랍니다."

속일 수 없는 사람

하루는 송하동자(松下童子)가
고양이를 쓰다듬으며 이렇게 말했다.
"천하의 모든 사람을 속일 순 있어도
오직 단 한 사람,
정작 자기 자신은 끝내 속일 수가 없는 법이지.
그런 건 정말, 눈 가리고 야옹~이야!"

진실

거짓말을 하고서 야단을 들은 날
송하동자의 노트엔 양심에 대한
운외옹의 말씀이 이렇게 적혀 있었다.
"사람들은 때때로 다른 이를 속아 넘긴 걸
기뻐하지만, 그러나 사실은
그만큼 자기 자신을 속인 것에 지나지 않는다.
나를 속인 만큼 나의 진실은 짧아지는 법이다.
그것은 자신을 밝힐 내면의 빛도 그만큼 작아진다는 뜻이다."

최고의 벗

내가 이해 받고 싶을 때 진정으로 나를 이해해 주는 이
나의 꿈과 이상에 늘 믿음과 용기를 함께 더해주는 이
내가 힘들고 지칠 때 변함없이 나를 위로하고 격려해주는 이
내가 부족한 면이 많아도 나를 있는 그대로 받아들여 주는 이
어떠한 시련과 불행 속에도 늘 내 곁에서 마음을 함께해주는 이
이 모든 이가 이미 나의 내면 속에 있다.
내가 스스로를 깊이 받아들이고 사랑할 때
내가 어디서든 자신을 믿고 끊임없이 독려할 때
'나'는 언제나 변함없는 나의 최고의 벗이 된다.

도둑놈 심보

공부는 안 하면서 성적이 좋길 바라는 것
실력은 없는데 좋은 직장을 얻으려 하는 것
성품은 안 좋은데 어디서든 존중받길 바라는 것
이해하지 못하면서 자신은 이해받길 바라는 것
배려하지 않으면서 자신은 배려받길 바라는 것
자신은 베풀지 않으면서 복 받기를 바라는 것
이익을 주지 않으면서 자신은 이익을 얻으려 하는 것
좋은 사람이 되지 못하면서 좋은 사람을 만나려 하는 것
좋은 세상에서 살기 바라면서 좋은 세상을 만들려 노력하지 않는 것……
그 대상이 무엇이든 자신의 노력과 가치보다 더 바라는 것은
모두 자기 분수를 모르는 무지의 소치일 뿐이다.
그런 마음으로는 누구도 삶의 주인이 될 수 없다.
그것은 서지 못하는 속 빈 자루와 같은 것이기 때문이다.

생각 내려놓기

온갖 생각에 머리가 너무 복잡했던 한 젊은이가
하루하루 불면증이 심해지자,
운외옹을 뵙고 마음이 화평해지는 법을 물었다.
운외옹이 이르길
"소금이 너무 많은 바다는 사해가 되고
햇빛만 너무 많은 땅은 사막이 되고
비가 너무 많은 곳은 홍수가 난다네.
이것은 모두 너무 많아서 탈이 난 경우인데,
자기 생각만 너무 많은 사람은
한 생에서 사해와 사막과 홍수
이 세 가지를 다 경험하게 되는 법이지.
허나 적절히만 쓴다면 소금, 햇빛, 비가 무슨 죄가 되겠는가?
오직 내가 집중해야 할 것에만 집중해서 가지치기를 잘하면
생각도 생활도 단순 명료해질 것이네.
생각구름 뒤엔 텅 비고 고요한 마음하늘이 있으니
때때로 구름을 다 걷어내고 내면의 하늘을 만날 수 있다면
언제 어디서든 삶 또한 평온이 깃들게 될 걸세."

모든 불행의 원인

사는 게 괴로워 술을 많이 마셨던 어떤 이가
꿈에 지옥 입구에 도착했는데
거기에 이런 문구가 적혀 있었다.
「불행의 모든 원인은
삶을 대하는 잘못된 방식에서 나온다.
모든 죄는 그 잘못된 방식으로
자기 자신을 계속 괴롭게 하고
타인과 부딪치고 일과 어긋나면서
삶을 삶답게 살지 않는 데 있다.
모든 고통의 원인은 잘못된 방식을
바로잡지 못한 자기 자신에게 있으니
삶을 대하는 잘못된 방식과 무지가
곧 모든 이들의 유일한 지옥이 되는 것이다.」

공감

운외옹의 손녀 청심녀가 운영하는 부부 상담소엔
다음과 같은 글귀가 걸려있었다.
"공감은 대화를 가능케 하는 핵심이다.
공감이란 상대의 마음을 알아주고 받아주는 것이니,
자신에게 공감해 주는 사람이 없으면,
물 없는 식물처럼 그 영혼은 갈수록 시들어 간다.
사람은 누구나 이해받길 원하고, 사랑받기를 바란다.
타인에게 말을 하는 것은 바로
자신에 대한 이해와 사랑을 얻고 싶어 하기 때문이다.
서로의 갈등을 푸는 첫 열쇠는 이해로 만들어지고,
서로의 사랑을 지키는 마지막 자물쇠는 공감으로 만들어진다.
함께 느낀다는 건 두 마음이 맞닿는 것이니
마음을 나누지 못하는 삶이란, 살아도 죽어있는 삶인 것이다."

자포자기의 늪

'자기긍정'이라는 마을 입구엔 이런 푯말이 걸려 있었다.

「자신에 대한 믿음이 없는 사람은
자신이 발 딛고 있는 현실에서 온전히 설 수 없을 뿐 아니라
자신의 미래에 대한 믿음 또한 잃어버린다.
자기 미래에 대한 믿음이 없는 사람은
꿈과 열정과 노력을 잃어버린다.
결국 자신에 대한 믿음을 잃으면 삶의 모든 것이 무너진다.
자포자기는 삶이 빠질 수 있는 가장 위험한 늪인 것이다.」

마음 감옥

누군가를 미워하면 미움이라는 감옥에 스스로 갇히고
누군가를 원망하면 원망이라는 감옥에 스스로 갇히고
누군가에게 분노하면 분노라는 감옥에 스스로 갇힌다.
오래도록 미워하고, 오래도록 원망하고, 오래도록 분노하면
오랫동안 미움과 원망과 분노라는 감옥에서 벗어날 길이 없다.
감옥의 열쇠를 스스로 가지고 있으면서도
마음을 버리지 못해 스스로 갑갑한 감옥에 갇혀 살아가는 것이다.

인생의 바로미터

나를 기쁘게 하는 것도 나의 마음이요
나를 슬프게 하는 것도 나의 마음이요,
나를 느긋하게 하는 것도 나의 마음이요
나를 조급하게 하는 것도 나의 마음이요,
나를 활기차게 하는 것도 나의 마음이요
나를 주눅들게 하는 것도 나의 마음이요,
나를 자유롭게 하는 것도 나의 마음이요
나를 집착하게 하는 것도 나의 마음이요,
나를 지혜롭게 하는 것도 나의 마음이요
나를 어리석게 만드는 것도 나의 마음이다.
삶의 모든 것은 마음에서 시작되고 끝나는 까닭에
마음은 언제나 나의 최고의 벗이자, 최고의 적이며
최고의 선이자, 최고의 악이 된다.

어떤 기다림

나의 관심을 기다리는 사람이 있다.
나의 이해를 기다리는 사람이 있다.
나의 배려를 기다리는 사람이 있다.
나의 경청을 기다리는 사람이 있다.
나의 사과를 기다리는 사람이 있다.
나의 용서를 기다리는 사람이 있다.
나의 도움을 기다리는 사람이 있다.
나의 사랑을 기다리는 사람이 있다.
나의 축복을 기다리는 사람이 있다.
세상엔 언제나 이처럼 나를 기다리는
나를 필요한 존재로 만들어 주는 어떤 사람이 있다.
누군가를 기다리는 내게도 그런 존재가 있는 것처럼.

나를 만드는 것

나는 내가 주는 것이 된다.
기쁨을 주면 기쁨의 사람이 되고
사랑을 주면 사랑의 사람이 되고
미움을 주면 미움의 사람이 되고
원한을 주면 원한의 사람이 되고
이로움을 주면 이로운 사람이 되고
해로움을 주면 해로운 사람이 된다.
내가 타인과 세상에 준 것은
나와 내 삶을 비추는 거울과 같으니
무엇을 주든 나는 오직 내가 준 그것이 된다.

재능과 천분 안에서

두더지는 땅을 잘 파고
딱따구리는 나무를 잘 판다.
두더지가 나무를 잘 파지 못해도 허물이 되지 않으며
딱따구리가 땅을 잘 파지 못해도 허물이 되지 않는다.
하지만 두더지가 땅을 못 파면 바보 두더지가 되고
딱따구리가 나무를 못 파면 바보 딱따구리가 된다.
재능이란 자신이 잘할 수 있는 것이자 자신에게 잘 어울리는 것이다.
이는 자기다움을 찾는 것이자, 자신의 비전을 찾는 것이다.
우리는 저마다 자신이 좋아하는 것, 자신이 잘하는 것을 찾아야 한다.
그것이 우리의 천분 안에서 가장 행복해지는 길이므로….

잊어버린 축복들

눈이 있는 사람은 볼 수 있다는 것이 축복임을 알지 못한다.

귀가 있는 사람은 들을 수 있다는 것이 축복임을 알지 못한다.

입이 있는 사람은 말할 수 있다는 것이 축복임을 알지 못한다.

다리가 있는 사람은 걸을 수 있다는 것이 축복임을 알지 못한다.

팔이 있는 사람은 두 손을 쓸 수 있다는 것이 축복임을 알지 못한다.

치아가 온전한 사람은 잘 씹을 수 있다는 것이 축복임을 알지 못한다.

부모님이 생존해계신 사람은 부모님이 살아계신 것이 축복임을 알지 못한다.

가족이 있는 사람은 가족이 있다는 것이 축복임을 알지 못한다.

집이 있는 사람은 잠잘 수 있는 집이 있다는 것이 축복임을 알지 못한다.

학교에 다니는 학생은 배울 수 있다는 것이 축복임을 알지 못한다.

밥벌이가 있는 사람은 일을 할 수 있다는 것이 축복임 알지 못한다.

행동에 자유가 있는 사람은 자신의 자유가 축복임을 알지 못한다.

생명이 있는 사람은 아직 살아 있다는 것이 지상의 축복임을 알지 못한다.

뜻대로 되지 않는 일

인생이란 언제나
'뜻대로 되는 일'과 '뜻대로 되지 않는 일' 사이에 있다.
세상사 그 어떤 일도 이에서 벗어나는 일은 없다.
이 두 가지 사이에서 인생의 모든 것이 결정되느니,
뜻대로 되는 일에는 감사해야 하고
뜻대로 되지 않는 일에는 더욱 감사해야 한다.
뜻대로 되지 않는 일들 속에는
내가 배워야 할 것들과 내가 깨우어져야 할 것들이
더욱 많이 담겨져 있기 때문이다.
인생이란 뜻대로 되지 않는 일까지
온전히 받아들이고 긍정할 수 있을 때 비로소 성장한다.

부모란

세상에서 나를 가장 사랑하는 이도 부모요
세상에서 나를 가장 걱정하는 이도 부모다.
세상에서 나의 행복을 가장 기뻐하는 이도 부모요
세상에서 나의 불행을 가장 슬퍼하는 이도 부모다.
세상에서 내게 은혜가 가장 많은 이도 부모요
세상에서 나 때문에 가장 많이 고생한 이도 부모다.
세상에서 내가 가장 잘 공경해야 할 이도 부모요
세상에서 내가 가장 깊이 되돌아봐야 할 이도 부모다.

나는 나

꽃은 꽃이 되어야 하고
바위는 바위가 되어야 하고
바람은 바람이 되어야 하고
호수는 호수가 되어야 하고
사슴은 사슴이 되어야 하고
나무는 나무가 되어야 하고
물고기는 물고기가 되어야 하고
강물은 강물이 되어야 하고
대지는 대지가 되어야 하고
하늘은 하늘이 되어야 한다.
그처럼 너는 네가 되어야 하고
나는 나가 되어야 한다.
내가 '진정한 나'가 되지 않으면
세상 어디서도 나의 자존과 의미를 찾지 못할 테니까.

미망이란

자신을 온전히 사랑하지 못하는 것
자신을 타인과 비교하며 마음을 불편하게 하는 것
잘못된 것을 개선할 줄 모르는 것
부족함을 배움으로 극복하지 않는 것
좋은 언어 습관을 가지지 못하는 것
미소와 웃음을 잃어버리고 사는 것
친절과 배려의 성품을 기르지 못하는 것
매 순간을 소중히 여기지 않는 것
고통과 시련의 가치를 찾아보지 않는 것
삶의 섭리와 의미를 묻지 않는 것
진리가 아닌 것을 진리로 착각하는 것
깨달음의 고귀한 가치를 모르는 것
내가 가진 것을 나눌 줄 모르는 것
자신을 되돌아보는 성찰의 시간을 가지지 않는 것
모든 이웃들과 내가 하나로 연결되어 있음을 모르는 것

언제나 오늘은

80이 된 노학자가 대학생인 된 손자에게

입학을 축하하며 카드에 이런 글귀를 써주었다.

「오늘은 내 인생에서 가장 젊은 날이다.

오늘은 내 인생에서 경험이 가장 많이 축적된 날이다.

오늘은 내 인생에서 과거를 되돌아볼 수 있는 가장 오랜 날이다.

오늘은 내 인생에서 미래를 바꿀 수 있는 가장 빠른 날이다.

오늘은 내 인생에서 뭔가를 실행할 수 있는 유일한 날이다.

오늘은 내 인생에서 내가 나일 수 있는 단 하나뿐인 날이다.」

배움의 시작

자녀 교육에 유달리 관심 많던 어느 부모가
운외옹께 자녀 교육에 대한 지침을 하나 달라고 부탁했다.
"그릇에 물을 아무리 많이 부어주어도
오직 그 그릇의 크기만큼만 담깁니다.
그처럼 자신의 그릇이 작으면
그 어디서 무엇을 배우고 접하든
자신의 그릇밖에 담을 수가 없답니다.
그래서 큰 뜻과 큰 마음으로
자신의 그릇을 키우는 것은
모든 배움의 시작이라고 하겠습니다.
교육의 본질 또한
무엇보다 그 마음을 키워주는 일이 아닐는지요."

양심

하루는 송하동자가 운외옹께 양심이 무엇인지 물었다.

"양심이란
스스로를 속이지 않는 것이요,
또 그것으로 타인을 속이지 않는 것이란다.
스스로를 속이지 않는다는 것은
자기 자신에게 진실하다는 것이요,
자기 자신에게 진실할 수 있을 때
정녕 타인에게도 진실할 수 있게 된단다.
그러므로 진실한 마음은
자신을 비춰볼 수 있는
가장 아름답고 훌륭한 거울이 된단다.
이 거울 앞에선 삶의 모든 것이
있는 그대로의 온전한 모습을 드러낼 테니까."

두 가지 불씨

사람들과 잦은 갈등으로 울화가 가득한 원망남이
타인만 탓하고 있었다.
운외옹이 타일러 이르길
“사람들의 가슴 속에는 누구나
사랑의 불씨와 미움의 불씨가 함께 들어있답니다.
어느 쪽에 불씨를 붙이느냐는
스스로가 잘 처신하기 나름이지요.
인간관계에선 흔히,
자신과 잘 지내면 좋은 사람이요
잘 못 지내면 나쁜 사람이 된답니다.
누군가와 갈등이 생기는 것은
상대의 마음속 미움의 심지에 불을 붙인 거지요.
갈등이나 미움이 생기는 건 모두
우리의 지혜의 눈이 어두워,
사랑의 심지가 아니라 미움의 심지 쪽에
불을 잘못 붙인 탓일 뿐이랍니다.”

선택과 집중

세상이 너무 속되다고 불평하는 젊은이가 있었다.
운외옹이 이르길
"세상엔 추하고 나쁜 것도 많지만
아름답고 좋은 것들도 너무나 많다네.
무엇을 보느냐는 오직 자기 마음의 눈에 달렸네.
오직 그 마음의 눈을 따라,
아름다움은 커지기도 작아지기도 할 것이니,
삶과 세상에서 끊임없이 아름다움을 찾아보게나.
그럼 아름답고 좋은 것들을 훨씬 더 많이 발견하게 될 걸세.
허나 이보다 더 중요한 사실은
아름다움을 찾는 그 마음이 곧
모든 아름다움의 시작이라는 점이네.
세상의 아름다움은 오직 아름다움을 찾는 마음과
그것을 발견하는 눈 속에만 있는 것이니까!"

믿음이라는 씨앗

나를 믿어주고 응원해 주는 사람이 없을 땐,
자기 스스로가
자신을 믿어주고 응원해 주어야 한다.
농부가 봄에 씨 뿌릴 수 있는 것은
씨앗과 흙의 힘을 굳게 믿기 때문이다.
믿음이 없는 사람은
자신의 생에 아무것도 씨 뿌릴 수가 없으며,
또한 아무것도 수확할 수 없을 것이다.
믿음이란 정녕 스스로를 키우는
영혼의 불씨요 생명의 씨앗인 까닭에!

인생을 바꿀 습관

습관을 연구하는 학자가 강연에서 이렇게 말했다.

"사람은 누구나 행복과 성공을 바랍니다.
인생의 행복과 성공을 위해서 가장 중요한 일은
나쁜 습관을 줄이고 좋은 습관을 늘리는 것입니다."

이렇게 말하자 어떤 이가 이렇게 물었다.

"좋은 습관 중에 가중 중요한 것 딱 세 가지만 말씀해주실 수 있나요?"

"아침 일찍 일어나는 것, 운동하는 것, 독서하는 것!
저는 이 세 가지를 가장 중요한 습관으로 꼽고 싶습니다.
이 속엔 영혼과 육체를 함께 생동케 하는 힘이 있습니다.
이 습관들을 꾸준히 실천하는 이들은 다들
성격이 밝을 뿐 아니라 매사 적극적이며 활력이 넘친답니다.
이미 수많은 사람들의 사례를 통해서 검증이 된 것이지요.
이 세 가지만 꾸준히 제대로 실행할 수 있다면
누구나 인생을 바꿀 수 있을 거라고 감히 장담할 수 있습니다."

실패의 미덕

실패는 내가 아직 배워야 할 것이 있음을 알게 한다.

실패는 오만함을 버리고 겸손함은 키우게 한다.

실패는 나를 더 발전시킬 수 있는 기회를 준다.

실패는 더 강해지도록 나를 단련할 지침을 준다.

실패는 넘어진 이들의 마음을 헤아릴 수 있는 이해심을 준다.

실패는 성공의 이면이 무엇인지 일깨워 준다.

실패는 누가 내게 변치 않는 사람인지 알게 한다.

실패는 그 다음의 성공을 더 드라마틱하게 해 준다.

실패는 자신과 인생에 대해 고뇌하고 사색하게 만든다.

실패는 미숙한 영혼에게 무르익을 수 있는 시간을 준다.

화와 복

울화가 있던 한 아주머니가 운외옹께 물었다.
"어찌해야 화를 물리고, 복을 받을 수 있겠습니까?"
"화를 낼 때마다 화(禍)를 불러오는 것이니
화내는 마음이 없어 마음이 늘 화평하다면,
그것이 어찌 스스로 복을 키우는 일이 아니겠습니까?
그러나 마음이 화평하기는 쉬운 일이 아니니
세상을 원망하지 말고, 타인을 미워하지 말며,
무엇보다는 자신을 싫어하지 않으면 화평해지기가 쉽답니다.
삶이란 결국 자기 '자신'을 잘 받아들이는 일이요,
그로 하여 자기 자신과 편안하게 지낼 수 있는 것
그것이 곧 지복(至福)으로 접어드는 접경이니까요."

절망을 이기는 법

오랫동안 궁핍했던 무명작가가 나중에 큰 성공을 거두고서

노벨문학상까지 수상하게 되었다.

어떤 기자가 어려운 시절을 어떻게 극복했느냐고 묻자 그는 이렇게 답했다.

"제가 쓰는 책은 번번이 다 실패했고 기본적인 생계도 꾸릴 수가 없었지요.

그때 제 곁에는 아무도 없었습니다.

저는 삶의 캄캄한 어둠 속에서 절망하고 또 절망하고 또 절망했었지요.

그런데 그 절망의 끝에서 문득 알게 되었습니다.

자살하지 않는 한, 사는 길은 오직

그 절망을 스스로 이겨내는 수밖에 없다는 것을요.

터널을 빠져나오는 방법은 그 터널을 뚫고 나오는 것밖에 없으니

절망 속에선 무엇이든 그 절망 속에서 할 수 있는 일을 하면 됩니다.

그렇게 빛을 향해 계속 움직이다 보면 언젠가 터널 밖에 도착하게 되지요.

그러한 이치를 알게 되었을 때 저는 그 절망을 이겨낼 수 있었답니다.

절망이란 자신에 대한 믿음을 찾는 법을 배우게 하는 고마운 스승인 셈이지요."

행복의 첫걸음

콤플렉스가 많은 딸에게 어머니가 이렇게 말했다.
"행복해지려면 제일 먼저
자기 자신을 좋아하기로, 사랑하기로 결심해야 한단다.
자신을 좋아하지 않으면 마음이 늘 불편한 상태가 된단다.
평생 나와 늘 함께 하는 사람은 바로 자기 자신이니
자신을 좋아하지 않으면
'싫은 사람'과 평생을 함께해야 되는 셈이란다.
싫은 사람과 늘 함께하면서 어떻게 행복해질 수 있겠니?
행복해지려면 무엇보다 '긍정적인 자기 이미지'를 가져야 한다.
그것이 자신을 사랑하고 돌보는 첫걸음이란다.
이제부터 자신에 대한 모든 부정적인 생각을 버리고
오직 긍정적인 자기 이미지만 가지렴!
자기를 부정하고서 마음이 밝아질 사람은 아무도 없으니까,
그런 마음으로는 조금도 행복 쪽으로 나아갈 수 없을 테니까!"

인생 공부

아버지가 사업이 망해 낙담한 아들에게 이렇게 말했다.
“삶에 그 어떤 고통과 시련이 와도 그것을
자신을 위한 인생 공부라고 여기렴.
그 공부를 통해 무엇을 배우느냐에 따라
네 삶의 방향과 추이는 물론이요
네 영혼의 빛깔과 질량까지 결정된단다.
자신의 마음을 다스리는 법
타인과 세상을 이해하는 법,
상처를 치유하는 법, 시련을 이겨내는 법,
실패와 고통에서 교훈을 얻는 법을 배워야
비로소 인생 공부를 제대로 시작할 수 있는 거란다.
누구든 이 인생 공부를 제대로 하지 않고서
그 삶이나 영혼이 성장하는 법은 없단다.”

사랑을 위한 현명한 선택

부부 싸움이 잦은 어떤 부부가 운외옹을 찾아와 물었다.
"우리 부부가 자주 싸우는 데 좋은 해결책이 없을까요?
아무리 싸워도 해결이 안 됩니다."
"싸우는 데 그렇게 힘을 뺄 필요가 있나요?
그렇게 싸울 힘이 있으면 죽을힘을 다해 싸우지 말고
죽을힘을 다해 이해하고
죽을힘을 다해 배려하고
죽을힘을 다해 사랑해보세요.
그것을 위해 필요한 것이 있다면
무엇이든 배우고, 무엇이든 바꿔 보세요.
그러면 더 이상 싸울 시간도, 싸울 힘도 남아있지 않을 것입니다.
싸우는 건 다 이해와 배려와 사랑이 부족해서가 아닐는지요.
아울러 써야 할 힘을 다른 곳에 잘못 써서 그런 것은 아닐는지요!"

두 가지 공부

학자인 아버지가 자녀들에게
책 읽기를 권하면서 이렇게 말했다.
"공부에는 두 가지 층위가 있으니
머리에 남는 공부와 가슴에 남는 공부가 있다.
머리로 하는 공부는 지적 수준을 변화시키지만
가슴으로 하는 공부는 심적 수준까지 변화시킨다.
자신의 뜻에 따라 스스로 좋아서 하는 공부가
결국 자신에게 가장 많이 남는 법이니
그것은 자기 가슴을 따라한 공부이기 때문이다.
가슴에 남지 않은 것은 마음을 변화시키지 못하므로
쉬 잊힐 뿐 아니라 행동을 변화시키지 못한다.
때문에 진정으로 사람을 변화시키고
삶에 변화를 가져오는 공부는 가슴으로 하는 공부란다.
어떤 책을 읽든, 무엇을 배우든
머리를 거쳐 가슴에까지 닿아야 하는 것은 이 때문이다."

운명의 책임

좋은 마음이 좋은 행동을 만들고
좋은 행동이 좋은 습관을 만들고
좋은 습관이 좋은 운명을 만든다.
좋은 마음에서 좋은 운명에 이르기까지
이 모든 것은 다 내가 만드는 것이다.
현재가 나의 선택들을 통해 만들어졌듯이
나의 미래도 나의 선택들 속에 있을 것이다.
삶의 매 순간은 더 나은 나를 위해
마음과 행동과 습관을 선택할 수 있는 좋은 기회다.
무엇을 선택하든 결과는 자신의 것이요
내 삶은 오직 이러한 내 선택의 총합일지니
내 운명의 모든 것은 결국
나의 책임일 수밖에 없는 것이다.

실패한 사람은 없다

사업 실패로 우울증에 걸린 사람에게
심리상담가가 이렇게 말했다.
"당신은 실패한 사람이 아니라
실패를 경험한 사람입니다.
당신은 실패한 사람이 아니라
좋은 경험을 한 사람입니다.
실패를 어떻게 받아들이고 재정의하느냐에 따라
생각과 감정의 추이가 완전히 달라집니다.
이제부터 부정적인 생각이 들 때마다 이렇게 말해보세요.
'나는 실패한 사람이 아니라 실패를 경험한 사람이요,
그 덕에 경험의 폭이 더 넓어졌을 뿐 아니라
그것으로 소중한 교훈을 배운 사람이다.'
이렇게 긍정적인 쪽으로 생각을 자꾸 전환시키면
부정적인 감정의 늪에서 빠져나오기가 훨씬 쉬워질 것입니다."

가장 큰 실패

실패할 게 두려워 도전하지 않는 아들에게
아버지가 이렇게 말했다.
"인생에서 가장 큰 실패가 뭔 줄 아니?
그것은 실패가 두려워 도전하지 않는 거란다.
무언가를 시도하게 되면 성공을 하든 실패를 하든
그 자체로 하나의 경험을 하게 된다.
성공을 하면 성공이 무엇이지 체험으로 알게 되고
실패를 하면 실패가 무엇인지 체험으로 알게 된다.
성공뿐 아니라 실패 또한 그것을 통해서만 알 수 있는 게 있으니
그것은 많은 것을 배울 수 있는 소중한 체험인 것이다.
하지만 아무런 도전이나 시도를 하지 않으면
아무것도 체험할 수 없고 아무것도 배울 수가 없다.
그렇게 아무런 경험도 아무런 배움도 없이
자기 울타리 안에서 안주하는 것은 가장 큰 실패란다.
그것은 자기 자신과 소중한 인생의 시간을
무의미하게 그냥 방치하고 낭비한 것이나 다름없으니까!"

운명에 대하여

어느 날 제자가 물었다.
"운명이란 있는 것인지요?
저의 운명이 어떨지 늘 궁금합니다."
스승은 이렇게 답했다.
"운명이 어떠할지 묻지 마라.
운명이 있다 해도 최선을 다해 살아야 하고
운명이 없다 해도 최선을 다해 살아야 한다.
그것이 하늘의 뜻이요, 불변의 이치다.
그러니 네 운명이 어떨지를 묻지 말라.
운명을 품어 안는 길은 단 하나밖에 없다.
그러니 기억하고 명심하라.
최선을 다하는 것이 너의 운명이다.
최선을 다하는 것이 너를 위한 최선이다."

마침표

마침표가 없어 깔끔하지 못한 글이 있듯이
마침표가 없어 지루한 말이 있고
마침표가 없이 혼란한 생각이 있고
마침표가 없이 눅눅한 마음이 있고
마침표가 없어 얽매인 회한이 있고
마침표가 없어 어긋나는 일이 있고
마침표가 없어 뒤엉킨 관계가 있고
마침표가 없어 불편한 일상이 있다.
살아가면서 찍는 마침표는 삶의 매듭이다.
삶이란 언제나 매듭짓기의 연속이다.
생의 어느 굽이에서나 마침표를 잘 찍어야 한다.
그래야 어떤 일이든 마음의 엉킴 없이 잘 끝낼 수 있고,
잘 끝내야 다시 잘 출발할 수 있다.
좋은 마무리는 아름다움과 에너지를 함께 얻는다.
인생의 어느 국면에서든 시의적절하게
마침표를 잘 찍는 이만이 삶을 잘 사는 법이다.

자신을 아는 법

당신이 자주 하는 생각
당신이 자주 하는 말
당신이 자주 하는 행동
당신이 자주 만나는 사람
당신이 자주 가는 곳
당신이 자주 하는 일
당신이 주로 먹는 음식
당신이 주로 읽는 책
당신이 좋아하는 것들
당신이 싫어하는 것들
당신이 지향하는 것들
당신이 회피하는 것들
당신이 얽매어 있는 것들
당신이 경험으로 쌓아온 것들
이보다 당신을 더 잘 말해주는 것은 없다.

아픔이 길이 되는 시간

가난은 가난함의 눈높이로 세상을 보는 법을 알게 하고
외로움은 외로움의 눈높이로 세상을 보는 법을 알게 하고
절망은 절망했을 때의 눈높이로 세상을 보는 법을 알게 한다.
이것은 이러한 체험이 없는 이는 결코 알 수 없는 것을 알게 한다.
시간의 지도를 펼치고 더 큰 시야에서 보면
슬픔과 좌절은 내면의 깊이를 만드는 삶의 소중한 자산이 된다.
마음이 낮아지는 법과 삶과 인간에 대한 더 넓고 따뜻한 이해는
이러한 절절한 체험 없이는 생기지 않는다.
빛은 어둠 속에서 나듯이 인생은 아픔 속에서 자라는 법이다.

경험치의 힘

백수가 백수의 심정과 일상을 가장 잘 알고
이혼녀가 이혼녀의 심정과 생활을 가장 안다.
실질적인 경험과 이해 차원에서
방황을 많이 한 사람은
방황의 고통에 대해서 누구보다 잘 알고,
절망을 많이 한 사람은
절망의 무게에 대해서 누구보다 잘 안다.
삶 속에는 누구나 오직 자신만의 체험이 있으니,
모든 체험은 일종의 학습이요 삶의 자원이다.
모든 체험 속엔 자신이 배우고 깨우쳐야 할 것이 들어있다.
우리의 삶 자체가 자신을 일깨우는 시간의 스승이니,
의미를 찾아낸다면 어떠한 체험도 결코 가치 없는 일은 없는 것이다.

존재의 가치

나의 가치는 비교에서 오는 것이 아니라
생명과 존재 그 자체에서 온다.
비교하는 마음을 지우고
조건이나 가치의 잣대를 버리고 보면
나보다 더 높은 존재도 없고,
나보다 더 낮은 존재도 없다.
모든 사람은 저마다의 존재 이유를 가졌다는 점에서
완전히 동일할 뿐이다.
그러한 관점 속에서만 진정한 자존감이 자라고
더하여 서로에 대한 사랑의 다리가 놓인다.
사랑은 누가 더 높고, 누가 더 낮은 게 없다.
그래서 그 속에선 누구나 하나일 수 있는 것이다.

자기 사랑

마음에 드는 자신만이 아니라,
마음에 들지 않는 자신까지,
있는 그대로의 자신을 온전히
이해하고 받아들이고 사랑하는 것
이것은 행복으로 가는 지름길이 된다.
있는 그대로의 자기를 사랑하지 못하는 것은
언제까지 조건부의 사랑을 하는 것이며
자신에 대한 온전한 수용과 사랑을 미루는 행위이다.
있는 그대로의 자기를 사랑하는 것은
모든 내면의 불화와 전쟁을 끝내고
자기 자신과 온전히 만나는 일이며
진정한 자기 자신으로 되돌아가는 길이요
무한한 사랑의 근원으로 복귀하는 일이다.

긍정은 삶의 빛이다

세상과 매사를 부정적으로 보는 대학생이 있었다.
그를 지켜보던 교수가 안타까운 마음에
쪽지에 글귀를 하나 써서 주었다.
「행복과 성공을 이루는 공통분모가 있으니
그것은 긍정할 줄 아는 마음이다.
어느 곳, 어느 일에서건
긍정하지 않는 이가 어찌 행복할 수 있으며,
긍정하지 않는 이가 어찌 성공할 수 있겠는가.
세상은 언제나 빛과 어둠 사이에 있고,
그것은 우리가 보는 대로 비치는 법이다.
긍정할 수 있는 마음
그것은 삶과 세상을 밝히는 빛이며,
행복을 여는 열쇠이자 성공의 디딤돌이다.

자신감

"선생님, 저는 글쓰기에 자신이 없어요.
어떻게 하면 자신감이 생길까요?"
"모든 자신감은 경험과 실력에서 생긴단다.
내가 초보운전자로 처음 터널을 지날 때는
터널을 지나는 게 많이 두려웠지만 지금은 그렇지 않다.
무엇이든 처음 하는 것은 약간 두렵고 긴장되겠지만
그것을 여러 번 하게 되면 두려움과 긴장이 줄어 든다.
왜냐하면 경험과 실력이 생겼기 때문이지.
자신감이란 스스로 자신을 믿을 수 있는 힘이란다.
자신감을 얻고 싶다면 적극적으로 경험과 실력을 쌓아보렴.
그럼 틀림없이 자신을 믿을 수 있는 힘이 생길 테니까.
용기의 사나이 체 게바라는 이렇게 말했지.
'마음속에 생겨난 두려움을 사라지게 만드는 유일한 방법은
실제 현실과 부딪힘으로써 그 두려움을 날려 버리는 것뿐이다.'
라고!"

쓰러진 자의 결심

나는 앞으로도 수없이 쓰러질지 모른다.
하지만 결코 쓰러진 채로 가만히 있지는 않을 것이다.
나는 번번이 일어나 끊임없이 앞을 향해 걸을 것이다.
그렇게 한다면 나는 조금이라도 더 전진하게 될 테니까.
전진한 만큼 나는 새로운 나를 만나게 될 것이다.
그 결과 나는 조금이라도 달라진 또 다른 삶을 얻을 것이며
내가 걸어간 만큼의 오롯한 나의 길을 얻을 것이며
나의 운명과 하늘 앞에 부끄럽지 않을 것이다.

고통이 줄어드는 법

내 마음의 폭이 농구공보다 조금 큰 정도라면,
농구공만한 고통이 들어왔을 때
그것이 내 마음의 공간을 가득 채울 것임으로
그 고통을 견딜 수가 없게 된다.
하지만 내 마음의 폭이 축구운동장 정도가 되면
농구공만한 고통이 들어와도
그것이 내 마음 공간의 일부에 지나지 않을 것임으로
그 고통이 훨씬 작게 느껴지게 될 것이다.
고통이나 상처의 크기가 달라지지 않아도
내 마음과 의식이 확장되어 내면 공간이 넓어지면
그 고통과 상처의 크기는 상대적으로 저절로 작아지게 된다.
치유란 마음의 폭이 확장되어 상처가 작게 느껴지는 일이다.
만약 우리 마음과 의식의 폭이 우주만큼 넓어진다면
농구공만 한 고통이나 상처는 먼지보다 더 작아질 것이다.

완전한 평화로 가는 길

어느 정신과 의사의 진료실엔 이런 문구가 걸려 있었다.
「자신의 모든 면을 받아들이고 사랑할 수 있을 때,
타인의 모든 면을 받아들이고 사랑할 수 있을 때,
인생의 모든 면을 받아들이고 사랑할 수 있을 때,
세상의 모든 면을 받아들이고 사랑할 수 있는 때,
이렇게 조건 없는 받아들임과 사랑으로 가슴이 열릴 때
사람은 모든 마음의 얽매임에서 벗어날 수가 있다.
이럴 때야 비로소 모든 것으로부터 진정한 자유와 행복을 얻는다.」

실패 속에서만 배울 수 있는 것들

대학에 떨어져 낙담한 아들에게
아버지가 위로하며 이렇게 말했다.
"실패는 좋은 경험이란다.
실패는 실패가 무엇인지 알게 하고,
실패를 극복하는 법을 배울 수 있게 한단다.
아울러 겸손함을 배우게 하고
자신의 부족함을 되돌아보게 한단다.
실패가 없다면 이 모든 것을 배울 수 없을 테니
그런 점에서 실패는 아주 좋은 스승이란다.
일생을 살면서 그 누구도
실패를 경험하지 않는 사람은 없다.
다만 실패에서 무엇을 배울 수 있느냐가
그 사람의 성숙도와 발전 가능성을 결정지을 뿐이란다!"

고통의 이면에 있는 것

넘어져 보지 않는 사람은
일어서는 법을 배울 수 없다.
상처 받아 보지 않는 사람은
상처를 치유하는 법을 배울 수 없다.
무언가를 잃어보지 않은 사람은
무엇이 소중한 것인지 배울 수 없다.
비난을 받아보지 않은 사람은
그 속에서 새로운 나를 일깨울 수 있음을 알지 못한다.
무시와 냉대를 받아보지 않는 사람은
그럴 때의 기분과 입장이 어떤지를 알지 못한다.
약자로서 짓밟혀 보지 않은 사람은
약자의 비참함과 강자의 오만함이 어떤 것인지 알지 못한다.
실패해 보지 않는 사람은 오직
실패에서만 배울 수 있는 소중한 것이 있음을 알지 못한다.
세상 모든 고통과 불행 속엔
오직 그것을 통해서만 배울 수 있는 것이 담겨있다.

내가 버린 나

대인공포증과 무기력증 때문에 상담을 받는 내담자에게
상담가가 이렇게 말했다.
"타인으로부터 버림받은 것보다, 더 큰 문제는
내가 나를 버리는 것입니다.
모든 심리적 병은 어떤 기준과 조건으로
내가 '내 마음에 안 드는 나'를 버렸기 때문에 생기는 것입니다.
나에게 버림받은 나가 바로 흔히 말하는 '내면아이'입니다.
이 내면아이는 자신을 수용해 줄 때까지 계속해서 신호를 보내줍니다.
그 신호가 바로 고통과 증상으로 나타나는 것입니다.
나는 어떤 기준·조건으로 어떤 나를 버렸나요?
내가 버렸던 모든 나를, 다시 모두 다 인정하고 수용해주는 것이
바로 마음이 치유되는 본질입니다.
어떤 증상이든, 증상이 얼마나 심하든
내가 버렸던 모든 나가 다 온전히 수용되어지면
반드시 다 나을 수밖에 없습니다.
마음의 법칙은 과학과 같아서 한 치의 오차도 없이 움직이는 것이니까요!"

제2장
사랑과 행복한 삶을 위하여

인간의 정신은 제각기
고유한 자신만의 거처를 가지고 있으며,
그 속에서 지옥을 천국으로
또 천국을 지옥으로 바꿀 수 있다.

존 밀턴

고귀한 법칙

꽃을 선물하는 사람이 꽃향기를 먼저 맡게 되듯이
불씨를 전해주는 사람이 온기를 먼저 접하게 되듯이
다른 이에게 행복을 주는 이는 그 행복의 기운에 먼저 젖는다.
타인에게 사랑과 기쁨을 주는 이도 그러하고
이웃에게 축복과 지혜를 주는 이도 그러하다.
아름다운 그림을 그리는 사람이 그 그림을 제일 먼저 보는 것처럼
축포를 쏘아 올리는 사람이 그 축포를 제일 가까이에서 보는 것처럼.

진주

어떤 이가 연인에게 진주를 선물하면서 쪽지에 이렇게 썼다.

"상처 없는 조개는 진주를 만들지 못한대.
진주는 오랜 시간 다듬고 다듬어…,
상처를 녹여서 만든 사랑의 빛과 같아.
네가 가지고 있는 상처를 내가 품어서
너에게 영혼의 진주를 만들어 줄께.
다만, 나를 토하지만 말고
네 안에 오래오래 품어주길 바래.
나 또한 네 안에서 하나의 진주가 되고 싶으니까!"

사랑 안에서

사랑은 두 개의 조약돌처럼
'둘'의 만남과 관계의 속에서만 빛을 얻는다.
그것은 소유하는 것도,
완성되어지는 것도
정복되어지는 것도 아니다.
사랑은 단지 둘이 만들어 내는
끝없는 관계의 장일 뿐이다.
너와 나의 '둘'이라는 관계가
늘 새로운 드라마를 만든다.
그것은 삶과 마음 사이에 펼쳐지는
끝없는 교감의 장이기 때문이다.

영혼의 온도

결혼하는 딸에게 아버지가 이런 쪽지를 전했다.

"사랑은 영혼의 온도란다.
사랑이 식으면 영혼의 온도도 식는단다.
영혼의 온도가 식으면,
내면은 쓸쓸해지고 삶의 행복도 저만치 물러나는 법이지.
사람은 단지 그 온도로 사는 거란다.
그 온도가 아니면
영혼의 따뜻함은 그 어디서도 구할 수가 없는 거니까.
행복의 깊이는 정녕
네 영혼의 온도를 잘 지키는 데 있을 뿐이란다."

어떤 청혼서

어떤 남자가 사랑하는 연인에게 작은 엽서에 이렇게 청혼서를 작성했다.

"내가 당신을 어떻게 사랑 하냐고요? 방법을 꼽아 볼게요.

내 영혼에 닿을 수 있는 길이만큼, 넓이만큼, 그 높이만큼 당신을 사랑합니다."

- 엘리자베스 브라우닝

"행복한 결혼은 약혼한 순간부터 죽는 날까지
지루하지 않은 기나긴 대화를 나누는 것과 같다."

- 모루아

"남편에게 귀한 대접을 받은 아내들은 나이 들어도 자신감 있고 우아하다."

- 이혜범

이 세 가지 명언에 담긴 뜻이
당신께 드리는 제 마음이요 제 약속입니다.
내 영혼에 닿는 깊고 넓고 높은 사랑으로
당신과 지루하지 않는 기나긴 대화를 나누고 싶습니다.
당신이 내 곁에서 자신감 있고 우아하게 나이 드는 것을 보고 싶습니다.
저와 결혼해 주시겠습니까?

사랑할 때

결혼하면서 신랑이 신부에게
이런 글귀가 적힌 엽서를 선물했다.
「당신과 나 사이에 징검돌이 있었으면 좋겠습니다.
당신과 나 사이에 빗소리가 있었으면 좋겠습니다.[1)]
당신과 나 사이에 장미 정원이 있었으면 좋겠습니다.
당신과 나 사이에 맑은 숲이 있었으면 좋겠습니다.
당신과 나 사이에 푸른 보리밭이 있었으면 좋겠습니다.
당신과 나 사이에 넓은 호수가 있었으면 좋겠습니다.
당신과 나 사이에 하얀 눈밭이 있었으면 좋겠습니다.
당신과 나 사이에 별과 구름이 있었으면 좋겠습니다.
당신과 나 사이에 이 모든 것을 다 품어 안을 수 있는
깊고 따뜻한 가슴이 있었으면 좋겠습니다.」

1) 허은실, "당신과 나 사이에 빗소리가 있어서 다행이라고 생각한 적, 있으신가요." 『나는, 당신에게만 열리는 책』

관심

관심이 은유를 만나서 자신에 대해
사람들이 잘 알 수 있도록 이야기해 달라고 하자
은유가 미소를 지으며 이렇게 말했다.
「관심은 사랑의 촉매제이자 받침대다.
관심은 마음과 마음을 이어주는 다리다.
관심은 새로운 눈과 귀를 가져다주는 통로다.
관심은 가슴에 모닥불을 붙이는 불씨다.
관심은 시간과 세상만물을 깨우는 생기다.
관심은 진심의 문을 여는 작은 빗장이다.」

연애의 조건

연애를 바라는 모태솔로에게 연애코치가 이렇게 말했다.
“누구나 자신이 바라는 좋은 이성을 만나고 싶어 합니다.
하지만 그것을 이루는 가장 빠른 길은
내가 먼저 그런 이성이 되는 것입니다.
사랑에도 역지사지의 시각이 필요한 법이니,
여자가 사귀고 싶은 남자가 되고
여자가 결혼하고 싶은 남자가 되어야 합니다.
자기 스스로에게 물어보세요.
내가 그러한 사람인지를, 그리고
그러한 사람이 되려면 어떻게 해야 되는지를.
자기 스스로를 매력적인 사람으로 변화시키는 일도 중요하지만,
그러한 마음의 자세를 가지는 것은 더욱 중요합니다.
사랑이란 본디 겸허한 자세와 진심 어린 정성으로 가꿔가는
마음의 열매와 같으니까요.”

매력적인 사람

매력적인 사람에겐 다들 하나의 공통점이 있다.
그들은 무엇보다
자기 자신을 사랑하고
자신의 일을 사랑하며
자신의 삶을 사랑한다.
그리고 그 밝은 에너지로 타인과 세상을 사랑한다.
그런 사람이 매력적인 이유는,
꽃이 햇빛을 받아 피어나고
줄기가 태양을 향해 뻗어가는 것과 같을 것이다.
그들은 마음의 빛을 밝힌 자들이요
그 빛은 우리에게 생명의 기쁨과 활력을 주기 때문이다.

향기

어느 향수 가게엔 이런 구절이 액자에 걸려 있었다.

「꽃 향기는 꽃 가까이에서만 맡을 수 있지만
사람이 지닌 영혼의 향기는 멀리서도 맡을 수 있다.
꽃 향기는 몇 달을 넘지 못하지만
영혼의 향기는 시간과 공간을 넘어 오래도록 번져간다.
그것은 코에 닿는 향기가 아니라
마음에 닿는 향기인 까닭에….」

행복의 본질

어느 철학자가 운외옹께 행복의 본질에 대해 물었다.
"행복이란 조화로운 삶 속에 있습니다.
마음과 마음의 조화, 생각과 생각의 조화
말과 말들의 조화, 나와 너와의 조화
이상과 현실과의 조화, 욕망과 순리와의 조화
사람과 만물과의 조화, 문명과 자연과의 조화…,
그림자가 빛을 따르고, 나비가 꽃을 따르는 것처럼
무릇 조화가 있는 곳에 행복은 절로 깃든답니다.
몸의 질병이란 곧 몸의 부조화인 것처럼
불협화음이란 곧 소리의 부조화인 것처럼
조화의 기운은 생명의 본질이기 때문에
행복 또한 언제나 조화로운 삶을 따라다니지요.
그래서 행복에 대해 생각하는 이는 늘
조화로운 삶에 대해 생각해야 할 것입니다."

삶의 미지에 대하여

내가 아직 읽어보지 못한 좋은 책
내가 아직 만나보지 못한 좋은 사람
내가 아직 떠올려보지 못한 좋은 생각
내가 아직 행하지 못한 좋은 행동들
내가 아직 깨우치지 못한 삶의 지혜
내가 아직 보지 못한 세상의 아름다움
내가 아직 배워보지 못한 유익하고 재미있는 것들
내가 아직 들어보지 못한 좋은 음악
내가 아직 맛보지 못한 맛있는 음식
내가 아직 다녀보지 못한 여행지
내가 아직 쓰지 못한 시와 아포리즘
내가 아직 체험해 보지 못한 자연의 흥취
내가 아직 다 찾지 못한 삶의 기쁨과 가치
내가 아직 다 모르는 삶의 신비와 섭리….
삶은 언제나 미지로 열려 있는 끝없는 창고와 같다.

아름다운 더하기

재능에 열정을 더하기
비전에 계획을 더하기
이상에 실천을 더하기
눈빛에 온기를 더하기
만남에 미소를 더하기
사랑에 배려를 더하기
절망에 희망을 더하기
다름에 존중을 더하기
무지에 배움을 더하기
일상에 성찰을 더하기
나이에 성숙을 더하기
인생에 노래를 더하기
신념에 개념을 더하기
정치에 정의를 더하기
경제에 복지를 더하기
사회에 나눔을 더하기
내 마음에 네 마음을 더하기 ….

아주 짧은 인생

누군가를 미워하고 원망하며 살기에는 인생이 너무 짧다.
부질없는 걱정과 근심에 얽매여 살기에는 인생이 너무 짧다.
숱한 좋은 책을 읽지 않고 살기엔 인생이 너무 짧다.
뜨거운 사랑을 하지 않고 살기엔 인생이 너무 짧다.
간담을 나눌 만큼의 벗이 없이 살기엔 인생이 너무 짧다.
세상 여행을 두루 다녀보지 않고 살기엔 인생이 너무 짧다.
하고픈 일에 마음껏 도전해보지 않고 살기엔 인생이 너무 짧다.
자신의 꿈과 비전에 전력질주하지 않고 살기엔 인생이 너무 짧다.
아름답고 의미 있는 일을 하지 않고 살기엔 인생이 너무 짧다.
삶의 매 순간을 사랑하지 않고 살기엔 인생이 정말 너무 짧다.

삶이 반듯해지는 시간

나의 말이 다른 이에게 힘과 용기를 주었는가?

나의 글이 다른 이에게 감동과 위안을 주었는가?

나의 눈빛이 다른 이에게 삶의 온기를 주었는가?

나의 미소가 다른 이에게 만남의 활기를 주었는가?

나의 행동이 다른 이에게 조금의 행복을 보태주었는가?

나의 존재 자체가 다른 이에게 조금이라도 희망과 기쁨이 되었는가?

인생의 굽이굽이 길목에서 우리는 한번쯤 자신을 되돌아보아야 한다.

반듯한 질문으로 삶에 기울어진 부분이 없는지를 살펴보아야 한다.

바다를 항해하는 큰 배가 복원력 없이는 먼 길을 갈 수 없는 것처럼!

행복이 들어올 자리

일이 잘 풀리지 않아
매양 마음이 몹시 불편했던 답답남이
운외옹을 만나
'행복이 커지는 법'에 대해 심각한 얼굴로 물었다.
"행복의 크기는 마음의 크기를 따른다네.
큰 물건을 작은 가방에 담으려고 하면 힘든 것처럼
마음이 작으면 늘 그 작은 마음 안에 스스로가 갇히게 되지.
마음의 크기는 자신과 현실을 받아들이고 긍정할 수 있을 때 커진다네.
무엇이든 받아들이고 긍정할 수 있을 때
마음의 불만이 가라앉고 삶을 사랑할 수 있다네.
받아들임과 긍정과 사랑으로
마음의 폭이 커지면 행복도 조금씩 더 커져갈 것이네.
마음이 커지면 행복이 들어올 자리도 그만큼 더 커지는 법이니까!"

누구나 좋아하는 사람

속이 깊은 사람
마음이 따뜻한 사람
내 말을 잘 들어주는 사람
친절하고 매너 있는 사람
이해심과 배려심이 많은 사람
자신감과 겸손함을 함께 갖춘 사람
유머와 재치가 있는 사람
화제가 풍부하고 유익한 이야기를 할 줄 아는 사람
상대를 편하게 해주는 여유로운 사람
어떠한 깊이와 격조가 있는 사람
눈빛이 맑고 목소리가 단정한 사람
약속을 잘 지키고 신의가 있는 사람
받기보다 베풀기를 더 좋아하는 사람
함께 있으면 즐겁고 헤어지면 그리운 사람
…… 누구나 좋아하고 만나고 싶은 사람!

마음의 공유

관계를 맺는다는 것은
'마음'을 공유하는 데서부터 시작된다.
마음을 공유하는 깊이와 폭이
그 관계의 깊이와 폭이 된다.
아픔과 슬픔을 공유하고
기쁨과 희망을 공유하고
꿈과 비전을 공유하고……
어떤 관계든 마음을 공유하는 만큼 가까워지고
마음을 공유하지 못하는 만큼 멀어진다.

공유의 미학

사업을 공유하는 사람은 동업자가 되지만
마음을 공유하는 사람은
친구가 되고, 연인이 되고, 동지가 되고, 가족이 된다.
물질을 공유할수록 우리는 물질로 연결될 것이고
지식을 공유할수록 우리는 지식으로 연결될 것이요
이상을 공유할수록 우리는 이상으로 연결될 것이며
진리를 공유할수록 우리는 진리로 연결될 것이다.
모든 공유는 열린 마음으로부터 시작되는 까닭에
그 무엇에 대해서든 마음과 마음 사이에
진정으로 공유할 수 있는 것이 많아질수록
우리는 더 좋은 사이, 더 깊은 사이가 될 것이다.

영혼을 키우는 법

세상엔 볼 것이 너무나 많은데
나는 무엇을 보았으며, 무엇을 보려 했는가?
세상엔 들을 것이 너무나 많은데
나는 무엇을 들었으며, 무엇을 들으려 했는가?
세상엔 체험할 것이 너무나 많은데
나는 무엇을 체험했으며, 무엇을 체험하려 했는가?
더 넓게 보고, 더 깊이 볼 것
더 널리 듣고, 더 깊이 들을 것
더 널리 체험하고 더 깊이 느낄 것
그렇게 나날이 보고 듣고 느낀 것으로
마음의 그릇을 키우고 삶을 더 깊이 이해할 것!
그것이 인생을 가장 풍요롭게 사는 길일지니.

후회 없는 삶

젊은 제자가 고령의 스승에게 물었다.
"어떻게 살아야 하는지요?
가장 중요한 점 한 가지만 말씀해주십시오."
"너는 어떤 인생을 살고 싶으냐?"
"어떤 인생을 살든 무엇을 하든…
저는 후회 없는 인생을 살고 싶습니다."
"어찌 삶에 후회되는 일이 전혀 없겠는가마는
후회하지 않으려면 늘 깨어있어야 한다.
그러니 언제나 순간을 영원처럼 살아라.
매 순간이 딱 한 번뿐인 것처럼,
지금 이 순간이 삶의 전부인 것처럼
찌꺼기가 조금도 남는 않는 연료처럼……."

빛이 되는 삶

어느 화가의 책상엔 이런 글귀가 놓여 있었다.

「남의 눈과 기준에
자신을 맞추어 사는 삶은
자신의 영혼을 잃은 삶이다.
내면의 순수한 바람보다,
있는 그대로의 자신보다
남들이 인정하는 조건에
자신을 꿰어 맞추려는 삶
그것은 빛이 되기보다
그림자를 좇아 살아가는 삶이다.
누구나 그림자에 가까워질수록
삶의 빛에선 더 멀어지는 법이다.」

모든 것을 즐겨라

수업 시간을 지루해 하는 학생들에게
교수가 이렇게 말했다.
"이 세상에서 가장 현명한 사람이 누군지 아니?"
"아니요, 모르겠는데요."
"모든 것을 즐길 줄 아는 사람이야.
그럼 이 세상에서 가장 행복한 사람이 누군지 아니?"
"아니, 모르겠는데요."
"그 또한 모든 것을 즐길 줄 아는 사람이야.
즐거움은 누가 주는 게 아니라 내 스스로가 찾는 것이지.
어디서든 삶 자체를 즐길 줄 아는 사람이
세상에서 즐거움을 가장 많이 발견하고 얻는단다.
그래서 사람은 누구나 어디서든
즐거움을 찾을 수 있도록 스스로 노력해야 한단다.
삶의 모든 시간을 즐거움으로 채울 수 있는 이,
그보다 더 현명하고 행복한 사람이 어디 있겠니!"

재미와 의미

교수가 1학년 학생들에게 물었다.
"여러분 대학생활이 재미있나요?"
"아니요…."
"세상에 재미있는 일들이 얼마나 많은데
왜 그렇게 재미없이 대학생활을 보내나요?
'공부하는 재미, 친구 사귀는 재미, 연애하는 재미……'
숨은그림찾기를 하듯 최선을 다해서 재미를 찾아보세요.
그러면 우리 일상 곳곳에 숨어 있는 재미를
훨씬 더 많이 발견하게 될 것입니다.
그것은 어디까지나 자신의 책임이랍니다.
아울러 재미와 함께 '의미'도 찾아보세요.
재미는 있는데 의미가 없으면 소득이 부실해지고
의미는 있는데 재미가 없으면 기쁨이 부실해집니다.
재미는 의미를 만날 때 가치가 더해지고
의미는 재미를 만날 때 동력이 생겨납니다.
삶은 재미와 의미라는 두 바퀴로 굴러가는 수레와 같아서,
둘 중 하나만 부실해져도 제대로 굴러가기 어려운 법이지요.
어디서 무엇을 하든지 재미와 의미가 더해질 때
삶의 시간들이 가장 행복해지고 가장 이상적인 상태가 된답니다."

사이에 존재하는 것

보이는 것과 보이지 않는 것
들리는 것과 들리지 않는 것
변하는 것과 변하지 않는 것
우리가 아는 것과 모르는 것
우리가 만난 것과 회피한 것
우리가 사랑한 것과 미워한 것
우리가 기억하는 것과 잊어버린 것
가질 수 있는 것과 가질 수 없는 것
버릴 수 있는 것과 버릴 수 없는 것
진실은 언제나 그 사이에 있다.

행복의 법칙

행복과 불행에는 절대적 공통점이 있다.
행복한 사람들은 자신을 긍정하고,
타인을 긍정하고, 세상을 긍정하고, 삶을 긍정한다.
반면 불행한 사람들은 자신을 부정하고,
타인을 부정하고, 세상을 부정하고, 삶을 부정한다.
간단히 말해 불행한 사람들은
내면이 '부정적인 마음'으로 가득한 사람이며,
행복한 사람들은 내면이 '긍정적인 마음'으로 가득한 사람이다.
모든 사랑과 행복은 긍정으로부터 시작된다.
긍정은 사랑과 행복을 찾을 수 있는 내면의 빛이기 때문이다.

마음의 올가미

아들과 함께 산행을 하던 아버지가
올가미에 갇힌 새끼 사슴을 구해주었다.
문득 느낀 바가 있어 아들에게 이렇게 말했다.
"우리 삶에도 숨겨진 올가미가 있단다.
두려움의 올가미, 우울의 올가미,
후회의 올가미, 걱정의 올가미,
증오의 올가미, 원망의 올가미,
배척의 올가미, 불만의 올가미….
그것은 누구에게나 있는 올가미이자
자기 스스로 만들어 '자신'을 꼼짝 못하게 하는 올가미란다.
저 어린 사슴처럼 우리도 삶의 기슭 곳곳에 숨어 있는
마음의 올가미에 걸리지 않도록 늘 조심해야 한단다."

가장 위험한 것

매사를 부정적으로 생각하는 내담자에게 상담사가 이렇게 말했다.

"인생에서 가장 위험한 것이 뭔 줄 아세요?

그것은 부정적인 생각입니다.

부정적인 생각은 마음을 암흑으로 만드는 늪과 같습니다.

우울한 사람들은 모두 부정적인 생각을 많이 하는 이들입니다.

자살을 하는 이들은 가장 극단적으로 부정적인 생각을 하는 이들입니다.

부정적인 생각만큼 사람에게 해로운 것은 없습니다.

부정적인 생각은 자신을 죽이고 삶을 죽이는 독과 같으니까요.

불행을 피하고 싶으면 우리는 무엇보다

스스로가 만들어내는 부정적인 생각을 피해야 합니다.

부정적인 생각을 피하지 않고는 불행 또한 피할 길이 없으니까요."

끌어당김의 법칙

짜증을 내면 짜증낼 일이 더 많이 생기고
결국 짜증의 부자가 된다.
감사하면 감사할 일이 더 많이 생기고
결국 감사의 부자가 된다.
미워하면 미워할 일이 더 많이 생기고
결국 미움의 부자가 된다.
사랑을 하면 사랑할 일이 더 많이 생기고
결국 사랑의 부자가 된다.
마음은 자석과 같아서 늘 비슷한 것을 끌어당긴다.
내가 보낸 것이 결국 나에게로 되돌아오는 것이다.
어떻게 사는 것이 올바른 길인지
어떻게 살아야 행복해질 수 있는지를 보여주는
하늘이 정한 인생의 고귀한 섭리인 것이다.

삶에 새로움 더하기

삶이 건조해지거나 푸석해질 때는
지금껏 한 번도 해보지 못한 일을 하라.
한 번도 먹어보지 못한 음식을 먹어보고
한 번도 해보지 못한 운동이나 스포츠를 해보고
한 번도 가보지 못한 곳을 가보고
한 번도 접하지 못한 사물을 접해보고
한 번도 배워보지 못한 것을 배워보고
한 번도 보고 듣지 못한 것을 접하며
한 번도 지녀보지 못한 시각과 생각을 가져보라.
지금껏 한 번도 해보지 못한 일을 통해
마음을 싱싱하게 하고 삶을 신선하게 하라.
새로운 체험이 쾌적한 바람을 데리고 와서
숨결처럼 내 안에 새로운 날들을 만들어주리니.

꽃과 꽃 사이에서

어느 꽃가게엔 이런 글귀가 적혀 있었다.

「당신이 아는 꽃 이름은 몇 가지인가요?
당신이 맡아본 꽃 향기는 몇 가지인가요?
당신이 누군가에게 꽃을 선물한 적은 몇 번인가요?
당신이 누군가에게 꽃을 받아본 적은 몇 번인가요?
당신이 꽃을 깊이 느껴본 순간들은 얼마나 되나요?
당신이 꽃에 대해 이야기해본 것은 얼마나 되나요?
그리고 당신이 보낸 꽃과 같은 순간들은 얼마나 되나요?
당신이 꽃과 같은 말로 좋은 대화를 나눈 것은 얼마나 되나요?
당신이 타인이나 세상을 꽃처럼 바라본 적은 얼마나 되나요?
당신이 꽃과 같은 마음으로 꽃 같이 산 날들은 얼마나 되나요?」

첫 번째 사람

내게 제일 먼저 다가와 준 사람
나를 제일 먼저 이해해 준 사람
나를 제일 먼저 위로해 준 사람
나를 제일 먼저 알아봐 준 사람
나를 제일 먼저 믿어봐 준 사람
내게 제일 먼저 손을 내밀어 준 사람
누구나 살면서 한 번쯤 바라마지 않는 사람
하여 첫 번째 기억으로 가슴에 남을 사람!
넓은 황야에 내리는 첫눈처럼
시린 아궁이를 데우는 첫 불씨처럼
순수하고 따뜻한 마음을 조금만 낼 수 있다면
우리는 누구에게나 그런 첫 번째 사람이 되리라.

나를 채우는 것

실직하여 부정적인 생각으로 우울해 하는 남편에게
시인인 아내가 부드러운 목소리로 이렇게 말했다.
"밝은 마음으로 자신을 채우는 것은
자신이라는 병에 향수를 채우는 것과 같고,
부정적인 생각으로 자신을 채우는 것은
자신이라는 병에 독을 채우는 것과 같습니다.
무엇으로 자신을 채우든 이는 본인의 선택이지만
그 선택이 곧 그 사람의 운명을 좌우할 것입니다.
어디에 있든, 그 무엇을 하든
우리는 누구나 늘 자기 안에 있는 것을 만나게 됩니다.
자기 안에 있는 것은 늘 자기를 따라다닐 것이요
그것에 가장 많이 영향을 받는 것도 자신일 테니까요.
하지만, 이와 함께 우리가 꼭 기억해야 할 사실은
우리는 언제든지 우리 안에 있는 것을 비워내고
새로운 것으로 자신을 채울 수 있다는 점입니다."

걱정을 줄이는 법

미래에 대한 걱정과 두려움이 많아
점 보기를 좋아하는 소심남이 있었다.
복채로 많은 돈을 쓰고 속상해 하는 것을 보고서
곁에 있던 친구가 이렇게 말했다.
"미래가 걱정되면 그 시간에 점을 볼 게 아니라
미래를 더 열심히 준비하는 게 좋지 않을까?
마음을 다해 자신의 발전을 위해 매진하는 게
점을 보는 것보다 불안을 줄이는 데 더 좋을 거야.
어떤 일이든 실력과 준비가 잘 갖춰질수록
자신과 상황에 대한 믿음이 생겨서
불안이나 두려움은 더 적어지는 법이거든.
미래를 준비하는데 몰입하면
다른 생각을 할 겨를이 없어져.
점 보는 데 쓸 돈과 시간이 있으면
그것으로 자신을 업그레이드 시키는 데 쓰렴.
그러면 자신에 대한 믿음이 더 커질 것이요
아울러 미래가 네 쪽으로 조금 더 다가올 테니까."

좋은 점에 집중하라

어느 명상 센터에서는 웃음 치료를 하기 전에
다음과 같은 글을 함께 읽었다.
「지나간 것과 내가 어쩔 수 없는 것은 놓아두고
오로지 내가 택할 수 있는 선택지 중에서
가장 좋은 것을 선택하고
가장 좋은 것에 집중하라.
그것이 자기 인생에서
가장 좋은 것을 만날 수 있는 방법이자,
좋은 것을 가장 많이 접할 수 있는 방법이다.
모든 방법으로 모든 측면에서
삶에서 누릴 수 있는 모든 것을 누려라.
그것은 오직 좋은 것에 집중할 때 얻어진다.」

적소성대(積小成大)

눈이 차곡차곡 쌓이는 것은 적설(積雪)
곡식을 쌓아 두는 것은 적곡(積穀)
돈을 조금씩 모아두는 것은 적금(積金)
공 드려 노력을 쌓는 것은 적공(積功)
덕을 베풀어 쌓는 것은 적덕(積德)
착한 일을 많이 하는 것은 적선(積善)
물방울도 모이고 모이면 호수가 되고
모래알도 쌓이고 쌓이면 산이 되는 법,
하루하루가 모이고 쌓여서 인생이 될 터인데
나는 매일매일 무엇을 쌓는 게 가장 좋을까?
한 살 두 살 더해져서 내 삶도 언제가 끝날 터인데
인생에서 어떤 것을 쌓는 게 제일 가치 있는 일일까?

폭의 미학

어떠한 폭은 하나의 세계와 같으니…

당신이 가진 생각의 폭은 어느 정도인가.

타인의 시각까지 담을 만한가.

당신이 가진 마음의 폭은 어느 정도인가.

우주와 하늘까지 담을 만하가.

당신이 가진 사랑의 폭은 어느 정도인가.

세상과 만인의 아픔까지 다 담을 만한가.

당신이 가진 행복의 폭은 어느 정도인가.

감사와 겸손과 베풂을 두루 담을 만한가.

당신이 가진 인생의 폭은 어느 정도인가.

보이지 않는 섭리와 진리까지 다 담을 만한가.

주도(酒道)

주향(酒鄕)의 촌장인 주옹(酒翁)께서 하루는
마을 청년들을 모아 놓고 주도(酒道)에 대해 논하셨다.
"봄빛처럼 마시고, 첫눈처럼 마셔라.
은은하게 마시고, 도도하게 마시고, 자유롭게 마셔라."
주옹이 이 말을 한 다음 술을 따라주는데
잔에 술이 가득 차서 철철 넘쳐도 계속 따라주는 것이었다.
청년들이 놀라서 술 따르는 것을 멈추기를 바라자
주옹이 이렇게 말했다.
"무엇이든 지나친 것은 좋지 않다.
지나쳤다함은 말 그대로 지켜야 할 선을 넘었다는 뜻이다.
흥취와 격조와 자유로움은 지켜할 선을 넘지 않는 데 있다.
아울러 그대들에게 한 가지 더 말해주고 싶은 게 있다.
술에만 취하지 말고, 시에도 취하고 사랑에도 취하고 자연에도 취해보라.
마음이 취하면 모든 것에 취할 수 있으니
술에만 취하지 말고 세상 모든 좋은 것에 취해보라.
취한다는 것은 그 속의 흥치에서 자신을 잊는 것이다."

측정될 수 없는 것

세상엔 측정될 수 있는 게 있고
측정될 수 없는 게 있다.
사랑의 질량, 이해의 부피, 마음의 온도, 눈빛의 온기,
아름다움의 깊이, 진실함의 수준과 가치,
인정의 넉넉함, 신념의 무게, 초연함의 운치…….
고귀한 것들은 대부분 측정할 수 없는 것들이다.
그것은 오지 마음으로 보고 마음으로 느낄 수 있을 뿐이다.
그래서 그것은 늘 이해타산 너머에 있고,
어디서든 값없는 가치와 격조를 지닌다.

사막과 오아시스

사막은 사막에만 있는 것이 아니다.
우리의 마음속에도 있고, 사람과 사람 사이에도 있고
궁핍하거나 소외되고 차별받는 세상 모든 곳에 있다.
경쟁과 이기로 세상이 갈수록 사막화 되고 있다.
그래서 사람들은 다들 외로워하고 쓸쓸해 한다.
하지만 오아시스는 사막에만 있는 것이 아니다.
우리 안의 진실과 숱한 이상 속에도 있고,
우리 밖의 만남과 여러 배움 속에도 있다.
오아시스 같은 사람도 있고, 오아시스 같은 시간과 장소도 있다.
어린왕자가 키운 꽃처럼
마음의 오아시스는 내가 스스로 만드는 것이다.
사랑과 기쁨과 위안이 깃드는 곳은 모두 다시없을 삶의 오아시스다.

따뜻한 마음 한 조각으로

고작 말 한 마디면 되는데
힘든 사람에게 위로의 말 한 마디 못하는 사람이 있다.
고작 말 몇 마디면 되는데
자신감을 잃은 이에게 격려의 말 한 마디 못하는 사람이 있다.
고작 잠시의 시간이면 되는데
외로운 사람에게 안부 한 번 전하지 않는 사람이 있다.
고작 잠깐의 친절이면 되는데
만나는 사람에게 작은 배려도 못하는 사람이 있다.
고작 표정을 조금만 바꾸면 되는데
만나는 사람에게 미소 한 조각 전하지 못하는 사람이 있다.
고작 조금만 마음을 내면 되는데
말하고 싶은 사람의 얘기를 조금도 들어주지 못하는 사람이 있다.
고작 약간의 노력이면 되는데
도움이 필요한 타인을 조금도 돕지 못하는 사람이 있다.
아주 작은 것으로도 우리는 서로를 살릴 수 있는데
그것을 위해 우리는 아무것도 하지 않을 때가 있다.
그저 잠시만 상대를 진정으로 생각하는
아주 작은 마음 한 조각만 있으면 되는데,
그런 작은 여유와 따뜻함만 있으면 되는데!

삶이 깨어날 때

어느 점성가가 제자에게 이런 명문(銘文)을 지어 주었다.

「누군가를 사랑할 때 삶이 반짝이고
누군가를 도와줄 때 삶이 깊어진다.
내 행동을 되돌아볼 때 삶이 반듯해지고
내 얽매임을 내려놓을 때 삶이 가벼워진다.
삶은 언제나 순간과 순간 사이에 있으니
모든 순간을 더없이 소중히 여겨야 한다.
내 생애의 시간에 어떤 일이 일어나든
이보다 나를 더 깨어있게 하는 게 없고,
이보다 삶을 더 의미 있게 만드는 것도 없다.」

명품 인생으로 가는 길

명품만 좋아하는 딸에게 아버지가 말했다.
"아무리 값비싼 물건으로도
그 사람의 인생 자체를 빛나는 명품으로 만들 수는 없다.
인생을 명품으로 만드는 것은 물질 밖에 있단다.
명품 수준의 언행과 도량과 솜씨와 덕행과 학식……
이런 무형의 재산이야말로
한 사람의 인생을 진짜 명품으로 만든다.
사람의 말 한 마디, 행동 하나에도
결코 감출 수 없는 그 사람의 수준과 기품이 드러나는 법이니
사람의 격조나 풍격은 결코 외물로 만들어지는 것이 아니란다.
그 어떤 명품으로도 좋은 인격을 만들 수도 없고
사람을 성장시킬 수도 없으니,
명품으로 네 인생을 빛나게 할 수도 없으며
그것으로 네 삶의 빛깔과 질량과 부피를 잴 수도 없단다.
그것은 외물인 까닭에
너를 진정으로 말해 줄 수 있는 것이 아니기 때문이다."

삶에 차이를 가져다주는 것들

무엇이 삶에 차이를 가져다주는가.
운동은 몸에 차이를 가져다주고
이상는 생각에 차이를 가져다주고
계획은 실행에 차이를 가져다준다.
용기와 신념은 행동에 차이를 가져다주고
성실과 절제는 생활에 차이를 가져다주고
친절과 매너는 관계에 차이를 가져다주고
배려와 겸손은 인품에 차이를 가져다주고
명상은 내면의 질서에 차이를 가져다주고
독서는 지성의 폭과 깊이에 차이를 가져다주고
배움은 정신적 풍요와 삶의 질에 차이를 가져다주고
새로운 만남은 경험의 폭과 가치에 차이를 가져다준다.
세상에 차이를 가져다주는 것들이 있듯이
인생에도 그런 차이를 가져다주는 것들이 있다.
어제와 다른 나를 발견하게 하며
어제와 다른 오늘을 만나게 하는 소중한 차이들이 있다.

겸손이란

자신의 마음을 비워
상대방의 이야기를 귀 기우려 들을 줄 아는 것,
다른 이가 쓴 좋은 글과 책을
열린 마음으로 읽을 줄 아는 것,
내가 늘 존중 받기를 바라듯
그 마음으로 상대방을 존중하고,
내가 진정 행복을 원하듯
타인 또한 그러함을 알고 배려하는 것,
그리고 무엇보다
우리 모두가 하나로 이어져 있어
더 높고 낮음이 없음을 진실로 아는 것.

나의 천명

하루는 청심녀가 운외옹께
세상의 모든 사람들이 하늘에게 누구나
공통적으로 받은 똑같은 천명이 무엇이냐고 물었다.
운외옹이 눈빛을 빛내며 이르길,
"자신의 영혼을 깨워
무한한 행복과 사랑을 체험하는 것
그리고 그것으로
이 세상을 아름답게 만드는 것
그것이 하늘 아래 모든 사람들이 받은 천명이라네."

행복의 조건

어느 쓸쓸한 노처녀가
운외옹을 만나 행복의 조건을 물었다.
"행복한 이의 삶 속엔 언제나
좋은 사람들이 곁에 있지요.
좋은 부모, 좋은 형제, 좋은 배우자, 좋은 자식,
좋은 스승, 좋은 친구, 좋은 동료, 좋은 이웃….
그러므로 좋은 사람을 얻는 것은
행복한 삶을 위해 무엇보다 중요한 조건이 되는데,
좋은 사람을 만나는 가장 빠르고 효과적인 방법은
자기 스스로가 누군가의
좋은 부모, 좋은 형제, 좋은 배우자, 좋은 자식,
좋은 스승, 좋은 친구, 좋은 동료, 좋은 이웃이 되는 데 있답니다.
결국 행복한 삶이란 스스로가
누군가에게 좋은 사람에 되는 데 있는 것이지요."

웃음꽃

청심녀가 송하동자에게 수수께끼를 하나 내었다.
“사철 시들지 않는 꽃인데,
마음이 피어내는 꽃이며,
햇빛이 없는 곳에도 피는 꽃이고,
씨앗이 없이도 널리 번지는 꽃이고,
늘 살아서 움직이는 꽃이고,
사랑과 행복이 깃들게 하는 꽃이고,
우정과 기쁨을 더불게 하는 꽃이고,
돈 없이도 수없이 주고받을 수 있는 꽃이고,
국경을 넘어 모든 나라와 모든 세기에 피는 꽃이고,
전 인류의 숫자만큼 다양한 꽃이고,
온 세상의 평화를 상징할 수 있는 꽃은 뭐게?”
송하동자가 고개를 갸우뚱거리며 고심하다
이윽고 해맑은 꽃을 한 송이 바쳤는데,
그건 바로 만면의 ‘웃음꽃’이었다.

사랑을 조각하기

청심녀가 조각을 하고 있는 무념장에게 물었다.
“이런 조각 작업이 사랑의 의미와도 통하는 게 있나요?”
무념장이 장승처럼 빙긋 웃으며 이르길
“서투른 장인은 연장 탓만 하고
서투른 농사꾼은 땅과 날씨를 탓하고,
사랑에 서투른 사람은 그 상대를 탓하지요.
서툰 장인은 재목만 죽이는 것처럼,
사랑에 서툰 이는 늘 마음만 다치게 하고선
스스로 화를 내는 법이지요.
사랑은 마음을 조각하는 것과 같을 것이니,
그 가슴에서 가장 아름다운 부분과
서로의 ‘진실’을 비추는 것만 빼고는 다 깎아내야 합니다.
그렇게 군더더기를 다 빼고 나면 서로의 진실은 더 빛날 것이니,
그 진실의 폭과 깊이에 따라
사랑의 표정도 분명 달라질 것입니다.”

내면의 선물

우리는 누구나 무의식 차원에서
있는 그대로 자기 영혼을 껴안아줄
조건 없는 사랑을 원한다.
하지만 이런 사랑은 그 누구도 줄 수가 없다.
내면에서 채워지지 않는 것은
밖에서도 채워지지 않기 때문이다.
있는 그대로의 나를 진정으로 껴안아줄 수 있는
조건 없는 무한한 사랑은
오직 자신이 자기 스스로에게 줄 수 있는
내면의 선물과 같은 것이다.
오로지 사랑만 남기고 모든 이유를 놓아보내는 마음
이런 마음을 가진 이만이,
신이 내면 속에 숨겨둔 무한한 사랑의 선물을 받을 것이다.

삶을 깨우는 질문

나는 무엇을 위해 살고 있는가?

어떻게 사는 것이 가장 잘사는 길인가?

내가 배워야 할 가장 중요한 것은 무엇인가?

내가 보완하고 개선해야 할 것은 무엇인가?

나는 타인과 세상을 위해 무엇을 주었는가?

내가 아는 것은 무엇이고, 모르는 것은 무엇인가?

무엇이 나를 성장하게 하고 일깨우는가?

어떻게 해야 내가 더 현명해질 것인가?

나는 나 자신과 내 삶을 얼마나 사랑했는가?

내가 생각해야 함에도 생각하지 못하는 것은 무엇인가?

나는 타인들이 다들 만나고 싶은 좋은 사람이 되었는가?

내 삶에 행복과 축복을 키우는 습관은 어떤 것일까?

죽기 전에 해야 할 가장 가치 있는 일은 무엇일까?

내가 도달할 수 있는 최고치의 나는 어떤 사람인가?

내가 누릴 수 있는 삶의 최고치는 어떤 것인가?

최고치의 삶을 살기 위해 나는 무엇을 어떻게 해야 하는가?

삶의 채색

봄을 닮은 사람도 있고 여름을 닮은 사람도 있고
가을을 닮은 사람도 있고 겨울을 닮은 사람도 있다.
봄을 닮은 시간도 있고 여름을 닮은 시간도 있고
가을을 닮은 시간도 있고 겨울을 닮은 시간도 있다.
봄을 닮은 마음도 있고 여름을 닮은 마음도 있고
가을을 닮은 마음도 있고 겨울을 닮은 마음도 있다.
그런 사람, 그런 시간, 그런 마음이 있어서
우리의 삶의 채색은 늘 새롭고 다채로울 수 있다.
끝없이 변해가는 삶의 파노라마 속에서
우리는 저마다 하나의 계절이요 그것으로 자기 삶을 채운다.

미소와 웃음으로 만나는 것

웃음 사진 공모전에서
90세 노모와 65세 아들과 그의 30세 딸과 3세 손자,
이렇게 4대가 함께 웃으며 찍은 사진이 대상을 받았다.
이 사진을 찍기 위해 1년 동안 무수히 많은
웃음 사진을 찍었던 작자는 그 소회를 이렇게 밝혔다.
"웃음 사진을 찍는 과정에서 저는 수많은 미소와 만났습니다.
얼굴에 미소만 지어도 우리의 뇌세포가 바뀌고
자기도 모르게 행복감을 느낀다고 합니다.
다른 사람들이 미소 짓거나 웃는 모습을 보면
마치 거울처럼 저도 절로 미소 짓거나 웃게 되더군요.
이 세상에 웃음과 미소만큼 서로를 친근하게 하고
격 없이 편안하게 빨리 다가가게 하는 것은 없는 듯합니다.
그것은 마음의 동그라미로 서로를 이어주는 원과 같은 것이니까요."

제3장
비전과 성취를 위하여

삶은 우리가 집중한 대상들의 합이다.
어떤 대상에 주목하고 주목하지 않았느냐가
현재의 삶을 형성했음을 알 수 있게 될 것이다.

위니프레드 갤러거

입지(立志)

뜻이 없는 사람은 배울 수 없고
뜻이 없는 사람에겐 가르칠 수 없으며
뜻이 없는 사람은 발전할 수 없다.
빛이 없으면 사물을 볼 수 없는 것처럼,
뜻이 없는 사람은 빛이 없는 삶을 사는 것과 같으니
삶에 빛이 없으면 그 어디에서도
삶의 의미와 행복을 끝내 찾을 수가 없다.
반딧불이 제 안에서 스스로 불을 밝히듯이
우리는 가슴의 품은 뜻으로 스스로를 밝혀야 한다.
뜻은 마음의 빛이니
뜻을 곧게 세우는 자만이 마음의 심지에 불을 밝힐 것이다.

꿈의 크기

어느 비 오는 날 호수에 물이 고이는 걸 보면서
운외옹이 송하동자에게 이렇게 말했다.
"꿈과 포부를 크게 가져라.
그러면 영혼의 그릇이 더 커지게 된단다.
나를 이롭게 하면서
타인과 세상을 이롭게 하는 꿈,
그런 꿈이 큰 사람을 낳고 아름다운 세상을 만든다.
하늘에서 비가 똑같이 내려도
작은 못에는 많은 물이 담기지 못하는 것처럼,
가슴 속에 꿈과 이상이 커야만
그 영혼의 그릇에 더 많은 지혜와 힘과 사랑이 담기게 된단다."

소수의 길

세상엔 두 종류의 사람이 있다.
세상의 기준을 따라가는 사람
그래서 다수의 규범에 자신을 맞추는 사람과
자신의 기준에 세상이 따라오게 하는 사람
그래서 자신의 예지로 혁신을 이끄는 사람!
조화로운 삶을 위해
누구에게나 이 두 가지 성향이 다 필요하지만
전자는 대개 평범한 사람들이 갔던 넓은 길이요
후자는 대개 천재나 영웅들이 갔던 좁은 길이다.
넓은 길은 수많은 이들이 걸어가지만
좁은 길은 오직 남다른 용기와 신념을 지닌 이만이 걸어간다.

내 안에 있는 힘

나에겐 언어의 힘이 있다.
나에겐 생각의 힘이 있다.
나에겐 상상의 힘이 있다.
나에겐 창조의 힘이 있다.
나에겐 의지의 힘이 있다.
나에겐 계획의 힘이 있다.
나에겐 믿음의 힘이 있다.
나에겐 성찰의 힘이 있다.
나에겐 배움의 힘이 있다.
나에겐 사랑의 힘이 있다.
나에겐 축복의 힘이 있다.
나에겐 웃음의 힘이 있다.
나는 이 모든 것은 마음껏 쓸 수 있으니
내 안엔 무한한 힘과 지혜가 있는 것이다.

참된 용기

자신의 실수에 대해 솔직히 사과할 수 있는 용기
모든 시련과 고통을 기꺼이 감내할 용기
타인의 시선이나 평가에 휘둘리지 않을 용기
조언과 비판을 겸허히 숙고할 용기
자신의 부족함을 온전히 받아드릴 용기
실패를 감수할 용기, 실패에서 다시 일어설 용기
자신의 비전과 가능성을 끝가지 추구할 용기
어디서든 정직하고 진실하게 살아갈 용기
이런 용기 없이 대단한 성과를 이룬 사람은 세상에 없었다.

최고의 선택

아버지가 유학을 가는 아들에게 이렇게 말했다.

"최고가 되려면 늘 네 삶의 최고치에 초점을 맞춰야 한단다.

내가 할 수 있는 가장 좋은 생각은 무엇일까?

내가 할 수 있는 가장 좋은 행동은 무엇일까?

내가 택할 수 있는 가장 좋은 방법은 무엇일까?

내가 배울 수 있는 최고의 지식과 지혜는 무엇일까?

내가 꿈꿀 수 있는 최고의 이상과 삶은 무엇일까?

내가 체득할 수 있는 가장 적합한 삶의 방식은 무엇일까?

……

언제나 '내가 할 수 있는 최고의 선택은 무엇일까'를 물어야

네가 얻을 수 있는 삶의 최고치를 발견할 수 있단다.

삶의 최고치란 언제나 최고의 선택에서 나오는 법이니까!"

인생 준비

바둑을 둘 때는 언제나
첫 번째 돌이 그 다음 돌을 예비하듯이
오늘은 내일을 예비해야 한다
10대일 땐 20대를 준비해야 하고
20대일 땐 30대를 준비해야 하고
30대일 땐 40대를 준비해야 하고
40대일 땐 50대를 준비해야 하고
50대일 땐 60대를 준비해야 한다.
앞 시간은 언제나 뒤 시간에 영향을 미친다.
인생은 단 한 번뿐인 시간의 성벽 쌓기와 같아서
아래쪽을 튼튼히 잘 쌓아야만
위쪽 또한 자신이 원하는 대로 잘 쌓아갈 수 있는 법이다.

준비의 힘

시험 준비를 잘 한 사람이 시험을 잘 치고
발표 준비를 잘 한 사람이 발표를 잘 하고
졸업 준비를 잘 한 사람이 졸업을 잘 하고
공연 준비를 잘 한 사람이 공연을 잘 하고
업무 준비를 잘 한 사람이 직무를 잘 하고
결혼 준비를 잘 한 사람이 결혼을 잘 하고
사업 준비를 잘 한 사람이 사업을 잘 하고
인생 준비를 잘 한 사람이 인생을 잘 산다.
준비가 모든 것을 결정하는 것은 아니지만
준비 없이 잘할 수 있는 일은 아무것도 없다.
인생은 오직 준비를 잘 하는 사람의 것이다.

환경과 사람

무일푼에서 자수성가한 기업인이
신입사원들에게 이렇게 말했다.
"세상엔 세 종류의 사람이 있습니다.
환경에 지배당하는 사람,
환경에 적응하는 사람,
환경을 변화시키는 사람!
그에 따라 세상엔 세 종류의 인생이 있습니다.
환경에 지배당하는 인생과
환경에 적응하는 인생과
환경을 변화시키는 인생!
여러분은 어떤 인생을 살고 싶으신가요?
확실한 사실은,
세상의 주인이 되는 이는 모두
환경에 지배당하는 이가 아니라
환경을 극복하는 이라는 점입니다.
온갖 어려움 속에서도
삶과 세상에 긍정적인 변화를 만들어내는 것
이는 우리 모두의 아름다운 소명일 것입니다."

솜씨

무념장(無念匠)이 열심히 나무를 깎고 있었다.
곁에 있던 청심녀가 그것을 보고 신기해하며,
"어쩜 이렇게 아무 의미 없던 나무에
새로운 생명과 아름다움을 줄 수 있는지요!
누군 불을 때거나 받침목 정도로밖에 못 쓰는데…."
무념장이 부드러운 미소를 지으며 이르길
"똑같은 나무도 누구를 만나느냐에 따라
멋진 예술작품이 되기도 하고
쓸모없는 나무토막이 되기도 하지요.
재목도 재목이지만 무엇보다 중요한 것은
스스로의 솜씨를 잘 가다듬는 것이겠지요.
서툰 장인은 부질없이 나무만 버리니까요."
그 옆에서 여러 개의 나무 장승들이 빙그레 웃으며
그 이야기를 정답게 듣고 있었다.

삶의 조각

청심녀가 새로 조각을 준비하는 무념장에게 물었다.
"이런 조각 하나에도 인생의 의미를 읽을 수 있을까요?"
"조각을 하는 이는
돌이나 나무를 다듬기 전에 그 돌과 나무 속에서
먼저 어떤 모습을 또렷이 그릴 수 있어야 하지요.
저는 단지 그 '모습'만 남기고
필요 없는 부분을 깎아낼 뿐이랍니다.
돌이나 나무에
웃음을 새기거나 찡그린 얼굴을 새기거나
그것은 저마다의 자유이겠지요.
다만 문제는 자신이 무엇을 새기든 새기기 전에
자신이 만들고자 하는 것을
미리 또렷이 그려볼 수 있어야 한다는 점입니다.
그래야 그 외에 불필요한 것을 지워갈 수 있을 테니까요.
아마도 인생도 이와 같지 않을는지요?"

성공의 법칙

성공학을 강연하는 교수에게 젊은 직장인이 물었다.

"성공할 수 있는 확실한 법칙이 있나요?"

"성공하는 이들에겐 절대적 공통점이 있습니다.

부지런함과 야무짐!

좀 더 정확히 말하면

그들은 아주 부지런하고 아주 야무진 사람들이지요.

이것은 누구에게나 인생을 바꿀 강력한 동력과 같으니,

무엇보다 성공하려면 이 두 가지를 반드시 갖춰야 합니다.

세상에 이것 없이 성공한 사람은 없으니까요!"

"단지 이 두 가지면 되나요?"

"여기에다 목표 수준이 높다면 더 좋을 것입니다.

그러면 꾸준히 높은 수준으로 계속 발전할 수 있을 테니까요."

천하의 보검

어느 무사의 명문(銘文)엔 이런 것이 있었다.

「독서는 학인의 칼이요
용기는 군인의 칼이요
지혜는 현자의 칼이요
비전은 혁명가의 칼이요
포용력은 정치인의 칼이요
통찰과 끈기는 천재의 칼이요
무심과 사랑은 성인의 칼이니
무릇 진정한 천하의 보검이란
모두 다 스스로가 만드는 것이다.」

긍정의 힘

긍정하지 않고 타인을 이해할 수 있는가?
긍정하지 않고 세상을 사랑할 수 있는가?
긍정하지 않고 현실을 받아들일 수 있는가?
긍정하지 않고 과거를 용서할 수 있는가?
긍정하지 않고 무엇을 배울 수 있는가?
긍정하지 않고 시련을 이겨낼 수 있는가?
긍정하지 않고 도전을 할 수 있는가?
긍정하지 않고 삶을 기뻐할 수 있는가?
긍정하지 않고 자신을 소중히 여길 수 있는가?
긍정하지 않고 무엇에 의미를 부여할 수 있는가?
어디서든 긍정하지 않고 행복을 찾을 수 있는가?

비전을 이루는 이

어느 문학 소년이 세계적인 대문호가 되고 싶다며,
어찌하면 그렇게 꿈을 이룰 수 있겠느냐고 운외옹께 물었다.
운외옹이 그의 눈을 지그시 바라보며 이르길
"원대한 뜻을 세웠으면 무엇보다 스스로가
반드시 그 꿈을 이룰 수 있다고 굳게 믿어야 한단다.
굳은 믿음과 불굴의 의지로
네가 할 수 있는 모든 노력과 열정을 다 쏟으렴.
그리고 그 나머지는 하늘에 맡기는 거지.
네가 할 수 있는 모든 노력을 다했다면
무슨 부끄러움과 후회가 남겠느냐.
하늘은 뜻이 있고 믿음이 있고 노력으로 구하는 이에게
반드시 그에 대한 응답을 하는 법이란다."

자경문

어느 학자의 책상엔 이런 구절이 적혀 있었다.

「많이 알려고 하기보다는 많이 느낄 것이며
많이 느끼려 하기보다는 깊이 이해할 것이며
깊이 이해하기보다는 온전히 사랑하라.
삶과 영혼이 커지는 자리는 지식이나 생각이 아니라,
사랑을 느끼는 심장에 있는 까닭이다.
지식이란 단지 세상의 심장들을 연결시키기 위한
아름다운 다리가 되어야할 뿐이다.」

삶의 기준점

어느 여행가가 아들에게 나침판을 보여주면서 이렇게 말했다.

"나침판이 방향을 알려줄 수 있는 것은
바늘이 언제나 북쪽을 가리키기 때문이란다.
변함없는 하나의 기준점이 방향을 알게 해주니까.
사람에게 꿈과 비전이 있는 것은
이처럼, 마음의 길을 알려주는 바늘과 같단다.
그 기준점이 없으면,
삶의 길에서 어디로 가야할지를 모르게 되지.
그래서 꿈을 잃은 삶은
영혼의 바늘을 잃은 삶이란다.
나침판의 바늘이 흔들림 없이 늘 한결같듯,
우리 마음의 바늘도 언제나
변함없이 꿈을 향해 있어야 한단다.
그래야 시련 속에서도 삶의 궤도가 흔들리지 않을 테니까."

창조성

새로운 세계를 열고 싶었던 환웅이
조화옹께 창조성에 대해 물었다.
"새로운 세상을 여는 문은 새로운 눈 속에 있다네.
같은 대상도 새로운 시각으로 보면 새롭게 보이거니,
새로움의 각도는 오직 그것을 볼 수 있는
자각의 눈과 마음이 있어야만 보이는 법이지.
세상을 장식한 모든 창조물은
누군가의 새로운 눈, 새로운 마음, 새로운 생각에서 나온 것이네.
생명력의 바퀴는 부단히 새로워지는 데 있으니
새로운 시각, 새로운 마음, 새로운 행동은
모든 창조의 영원한 젖줄이요, 도화선이라네."

좌우명

하루는 운외옹이 송하동자에게
좌우명이 될 만한 글귀를 하나 지어주며 이렇게 말했다.
"한 권의 책을 읽는 것도 독서이지만
하나의 문장을 읽는 것도 좋은 독서란다.
세상엔 하나의 문장을 제대로 간직한 이도 많지 않으니,
좋은 문장 하나를 평생 반복해서 읽으면
그 문장은 그 삶의 피와 살이 되고,
삶을 이끄는 영혼의 등불과 주문이 된단다.
세상의 모든 책이 단지 하나의 문장에서 시작되듯
삶의 모든 이야기도
결국 하나의 문장에서 시작되고 끝나거니,
삶과 영혼을 위한 독서는 하나의 문장을
가슴에 잘 간직하는 데서부터 시작되고 끝나는 것이란다."

생각 잘하는 법

철학자에게 기자가 생각을 잘하는 법을 물었다.
“나누어서 생각하고
뒤집어서 생각하고
연결해서 생각하고
통합해서 생각하고
비교해서 생각하고
반복해서 생각하고
집중해서 생각하고
다각도로 생각하고
거꾸로 생각하고
뜨겁게 생각하고
냉정하게 생각하고
느긋하게 생각하고
유연하게 생각하고
치밀하게 생각하고
오래도록 생각하고
틈틈이 생각하고
깊이 있게 생각하고
여백을 두고 생각하는 것
이 모든 방법을 다 사용해서 생각하는 것입니다.
생각에는 무엇보다
정신적 고도와 다양성과 정밀함이 함께 있어야 하는 것이니까요.
그것이 정신세계의 풍요를 낳는 비결이니까요.”

완전연소

오직 치열하게 살아가는 이만이
자신의 삶을 완전 연소할 수 있다.
완전 연소하지 않은 삶은
타다 남은 나무처럼,
자신의 재능과 힘을 다 써보지도 못하고
꺼져버린 무심한 재와 같다.
치열하게 산다는 것은
자신이 할 수 있는 모든 것을 다 하는 것이요,
그 모든 것 속에 사랑과 혼을 심는 것이요,
그것으로 생의 매 순간순간이 절정이 되게 하는 것이다.
치열하게 살아보지 않은 이는
끝내 자신이 밝힐 수 있는 삶의 빛이 무엇인지 알지 못한다.

대충이 삶을 갉아 먹는다

학생들이 리포트를 대충 쓴 것을 보고 교수가 말했다.
"대충, 대충 살면 대충 수준의 결과밖에 얻지 못한다.
그 어떤 일도 대충해서는 좋은 결과를 얻을 수가 없다.
벌레가 나무를 통째로 갉아먹는 것을 본 적이 있는가.
삶에서 가장 조심해야 할 벌레는 '대충'이라는 벌레다.
대충이라는 벌레는 마음을 갉아먹고 시간을 갉아먹는다.
그 결과 그림자처럼 따라다니며 삶의 거의 모든 것을 갉아먹는다.
만약 지금 여러분이 대충이라는 벌레를 잡지 않으면
언젠가 대충 때문에 여러분의 미래가 폭삭 무너져내릴 것이다."

비전의 힘

커다란 그늘을 드리우는 아름드리 나무도
처음은 작은 씨앗 하나에서 시작되었듯
위대한 이들이 이룬 모든 성취도 처음엔
내면의 작은 비전 하나에서 시작된 것이다.
씨앗 하나 안에 나무의 모든 것들이 다 들어있듯
비전 하나 안에 성취의 모든 것들이 다 들어있다.
비전은 모든 성취가 시작되는 영혼의 씨앗이요
세상에 새로운 미래를 펼치는 웅대한 불씨이다.
그것은 뜻 있는 이가 스스로 가질 수 있는 값없는 특권이다.

나만의 성공이란

성공이란 자신이 살고 싶은 삶을 사는 것이니,
내가 좋아하는 것, 내가 사랑하는 것
내가 알고 싶은 것, 내가 하고 싶은 것
내가 마음껏 누리고 싶은 모든 것을 찾아
자신의 진실된 느낌과 생각을 따라 사는 것이다.
그리하여 자기다움을 온전히 실현하는 것
진정한 용기와 자기다움의 행복으로
세상에 둘도 없는 삶을 더하는 것이다.
두더지가 두더지의 삶에서 자족하듯이
돌고래가 돌고래의 삶에서 자적하듯이,
나에겐 나의 천분과 바람이 있으니……
성공이란 어디서든 자기다움으로 자신을 찾고
삶의 가치와 인간다움을 실현하는 것이다.

더 많은 기회

끊임없이 배우는 사람은
더 많은 배움의 기회를 얻는다.
끊임없이 노력하는 이는
더 많은 발전의 기회를 얻는다.
끊임없이 도전하는 사람은
더 많은 성공의 기회를 얻는다.
끊임없이 성찰하는 사람은
더 많이 성장할 기회를 얻는다.
끊임없이 운동하는 사람은
더 많이 건강할 기회를 얻는다.
끊임없이 용서하는 사람은
더 많이 평온할 기회를 얻는다.
끊임없이 긍정하는 사람은
더 많이 행복할 기회를 얻는다.
끊임없이 친절을 베푸는 사람은
더 많은 친구를 얻을 기회를 얻는다.
끊임없이 사랑을 실천하는 이는
더 많은 기쁨과 축복을 누릴 기회를 얻는다.

변화를 이끄는 삶

어느 대기업의 회장이 직원들에게 이렇게 이야기했다.
"여러분은 변화를 기다리는 사람과
변화를 만들어내는 사람 중 어느 쪽이 되고 싶은가요?
변화를 기다리는 사람은
변화를 이끌 주체가 자기 밖에 있는 이요,
변화를 만들어내는 사람은
변화를 이끌 주체가 자기 안에 있는 이입니다.
그래서 변화를 이끄는 이는 언제나
변화를 기다리는 사람이 아니라
변화를 직접 만들어내는 사람들입니다.
세상의 모든 성장과 발전은 바로
뭔가를 기다리는 수동적인 마음이 아니라,
아주 작은 것이라도
자신이 직접 변화를 시도하는 의지로부터 나온 것입니다.
변화를 진정으로 바라는 이는 기다릴 시간이 없으니까요."

최고가 된 이들의 공통점

어느 분야든 최고가 된 이들에겐
절대적 공통점이 하나 있다.
그것은 진일보(進一步)의 습관이다.
그들은 언제나 최고를 지향하며
일을 할 때마다 매번 더 잘 하기를 도모한다.
이번보다는, 그 다음 그리고 다시 그 다음…….
언제나 좀 더 잘 하기를 도고하는 것
자신의 최선으로 최고치를 찾아내는 것
모든 실패와 시련을 의미 있는 과정으로 만드는 것
그것으로 조금씩 조금씩 더 성장하는 것,
이것은 정상에 이른 모든 이들의 비결이었다.

성공할 수밖에 없는 사람

확고한 꿈과 비전을 가지고 있는 사람
자신의 일을 사랑하고 치열하게 매진하는 사람
준비하고 계획한 것은 과감히 실행하고 도전하는 사람
실패나 어려움을 배움의 기회라고 여기는 사람
목표를 성취할 때까지 끝까지 집중할 줄 아는 사람
어디서든 해결책과 더 나은 방법을 찾아내는 사람
잘못된 것은 즉시 개선할 줄 아는 사람
함께하는 이들을 배려하고 믿음을 주는 사람
자신의 장점과 부족한 점을 정확히 판단하는 사람
타인의 장점을 배우고, 잠재력을 키워줄 주 아는 사람
끊임없이 배우며 자신을 계속 성장시키는 사람
자신이 이룬 것을 겸허히 나눌 줄 아는 사람
자신을 사랑하고 삶의 여정을 즐길 줄 아는 사람
타인들이 그가 성공하기를 기대하고 바라마지 않는 사람!

창의력의 관건

무엇을 보느냐보다 어떻게 보느냐
무엇을 생각하느냐보다 어떻게 생각하느냐
무엇을 배우느냐보다 어떻게 배우느냐
무엇을 표현하느냐보다 어떻게 표현하느냐
무엇을 경험하느냐보다 어떻게 경험하느냐
무엇을 지향하느냐보다 어떻게 지향하느냐
무슨 일들을 하느냐보다 어떻게 하느냐
무엇을 얻느냐보다 어떻게 활용하느냐
무엇이 되느냐보다 어떻게 살아갈 것이냐……
창의적인 사고란 늘 새로운 방식을 지향한다.
'어떻게'는 '무엇'을 살려내는 창의력의 날개다.

삶의 핵심을 찾는 법

삶에서 꼭 보아야 할 것은 무엇인가?
삶에서 꼭 지켜야 할 것은 무엇인가?
삶에서 꼭 피해야 할 것은 무엇인가?
삶에서 꼭 알아야 할 것은 무엇인가?
삶에서 꼭 배워야 할 것은 무엇인가?
삶에서 꼭 해봐야 할 것은 무엇인가?
삶에서 꼭 갖춰야 할 것은 무엇인가?
삶에서 꼭 버려야 할 것은 무엇인가?
삶에서 꼭 나눠야 할 것은 무엇인가?
삶에서 꼭 깨우쳐야 할 것은 무엇인가?

자신의 꿈 찾기

자신의 꿈과 진로에 대해 고민하던 한 대학생이
심리학 교수에게 자신의 꿈을 어떻게 찾아야 할지를 물었다.
"자신이 가장 좋아하는 일과
자신이 가장 잘할 수 있는 일을 찾아보세요.
그 두 가지가 겹쳐지면 최상이겠지요.
다양한 가능성을 놓고 간절히 찾다보면 답이 나올 거예요.
하지만 만일 그렇지 못해서 하나를 택해야 한다면
저는 자신이 '잘할 수 있는 일'을 택하라고 권하고 싶습니다.
자신이 잘할 수 있는 일을 더 잘할 수 있도록
꾸준히 노력하다 보면 성과가 빨리 나오게 될 것이요,
자신이 잘하는 일이 곧 자신이 좋아하는 일이 될 것이며,
좋아하는 일의 범위도 더 넓어지는 것을 체험하게 될 것입니다.
아울러 운이 좋으면 예전에 자신이 좋아했던 일까지
덤으로 할 수 있는 힘과 기회가 생기기도 하지요.
어느 쪽을 선택하든 모든 것은 자신의 선택입니다.
선택한 후엔 오로지 자신의 일에 완벽하게 집중하는 것이
꿈을 이루는 최선의 길이 될 것입니다."

시간을 아끼는 법

시간이 아깝지 않은 책을 보고
시간이 아깝지 않은 사람을 만나고
시간이 아깝지 않은 일들을 하고
시간이 아깝지 않은 지식을 익히고
시간이 아깝지 않은 지혜를 쌓아라.
삶의 매 순간을 절정으로 살아갈 수 있도록.
아울러 시간을 아끼지 말고 사색하고
시간을 아끼지 말고 배우고 경험하고
시간을 아끼지 말고 사랑하고
시간을 아끼지 말고 도전하며
시간을 아끼지 말고 삶을 즐겨라.
생의 한 순간도 헛되이 낭비되는 일이 없도록.

필연적 이유

성공할 수밖에 없는 사람이 있고
발전할 수밖에 없는 사람이 있고
좋아할 수밖에 없는 사람이 있고
신뢰할 수밖에 없는 사람이 있고
존경할 수밖에 없는 사람이 있고
행복할 수밖에 없는 사람이 있듯,
실패할 수밖에 없는 사람이 있고
퇴보할 수밖에 없는 사람이 있고
싫어할 수밖에 없는 사람이 있고
의심할 수밖에 없는 사람이 있고
불행할 수밖에 없는 사람이 있다.
모든 것에는 그럴 수밖에 없는
나름의 필연적인 이유가 있으니
어떤 사람이 되어 어떤 삶을 살아가든
그것은 모두 자업자득인 것이다.

하나의 차이

실수에서 배우는 사람과 그렇지 못한 사람이 있고
실패에서 배우는 사람과 그렇지 못한 사람이 있다.
만남에서 배우는 사람과 그렇지 못한 사람이 있고
이별에서 배우는 사람과 그렇지 못한 사람이 있다.
고통에서 배우는 사람과 그렇지 못한 사람이 있고
잃음에서 배우는 사람과 그렇지 못한 사람이 있다.
그리고 아무리 많은 경험을 해도
이 차이와 가치를 알지 못하는 사람이 있다.
성장과 정체의 갈림길은 언제나 여기서 비롯된다.

좋아하는 것들의 의미

자신이 진정으로 좋아하는 것
진정으로 사랑하는 것을 찾아라.
자신이 진정으로 좋아하고 사랑하는 것을 해야
시간과 노력이 아깝지 않게 된다.
벌과 나비가 꽃 속의 꿀을 좋아하듯이
그것으로 자신들의 삶을 만들어 가듯이,
자신이 좋아하는 것에 자신의 하늘이 있고
자기 영혼의 꿈틀거림이 있다.
내가 무엇을 진정으로 좋아하는지
무엇을 진정으로 사랑하는지를 스스로에게 물어야 한다.
그래야 내 영혼의 진실과 삶의 길을 발견할 수 있기 때문이다.

선순환의 비결

좋아하는 일을 하면 더 즐겁게 일하게 된다.
즐거운 일이기에 더 자주 더 오래하게 된다.
즐거운 마음으로 더 자주 더 오래하기 때문에
더 잘하게 되고, 더 좋은 실력을 갖추게 된다.
실력이 더 뛰어나기 때문에 더 성공하게 된다.
좋아하는 일을 할 땐 그 사람의 혼과 숨결이 깃든다.
자신이 좋아하는 일에 지속적으로 몰입할 수 있다면
그것은 기쁨의 습관이 되고 자기 세계를 여는 통로가 된다.
그러므로 모든 성공은 자신이 좋아하는 일을 하거나,
혹은 자신의 일을 좋아하는 데서부터 시작된다.

진인사대천명(盡人事待天命)

송하동자가 운외옹께 진인사대천명이 무슨 뜻인지 물었다.

"삶이란 언제나 내 뜻대로 할 수 있는 것과
할 수 없는 것 사이에 있단다.
내 뜻대로 할 수 있는 것은 최선을 다하고
내 뜻대로 할 수 없는 것은 하늘에 맡기는 것,
이것이 개인의 자유와 삶의 섭리에 나를 조율하는 지름길이다.
오로지 내가 할 수 있는 것에만 집중을 하고
나머지는 다 내려놓고 마음을 비우는 것
이것이 우리가 할 수 있는 유일한 선택이자 자유란다.
사람으로서 내가 할 수 있는 일을 다했다면
그것으로 나는 내 천명을 다한 것이니 무슨 후회가 남겠느냐."

성실과 꾸준함의 미덕

공부를 열심히 해도 성적이 오르지 않는다고
한탄하고 비관하는 한 학생이 있었다.
그 학생에게 선생님이 어깨에 손을 얹으며 이렇게 말했다.
"공부를 잘하는 것보다 더 중요한 것은 열심히 하는 거란다.
열심히 하는 그 성실한 자세야말로
네가 공부를 통해 얻는 것보다 훨씬 더 가치 있는 것이며,
너의 미래를 여는 데 있어서도 훨씬 더 소중한 자산이 될 테니까.
남다른 성실함과 꾸준함의 지속력을 갖춘 사람은
삶의 긴 시야에서 보면, 설령 잠시 실패하는 경우는 있어도
한 자리에서 계속 정체되거나 퇴보하는 경우는 없단다.
결국 삶의 기나긴 여정에서 그런 사람은 발전하고 성장할 수밖에 없단다."

열정의 끝에

기름이 없는 기차는 달릴 수가 없듯이
열정이 없는 이는 꿈으로 다가갈 수 없다.
열정이 식으면 마음의 빛도 이내 꺼지고
꿈으로 가는 기차도 곧장 멈춰버린다.
열정은 생명력이자 정신의 화력이니
이는 꿈을 이루는 최고의 연료이다.
삶은 자기 가슴의 불로 태우는 장작과 같다.
장작이 자신의 전부를 다 사르고 전소하듯이
우리는 자신의 화력을 다 쏟아내고 죽어야 한다.
우리는 열정의 끝에 자신의 가능성을 세워야 한다.
무릇 지상에서 꿈을 이룬 모든 이들은
삶의 무릎이 꺾이는 온갖 시련과 좌절 속에서도
끝내 열정의 피가 식지 아니한 이들뿐이다.

시간을 낭비한 죄

어떤 이가 꿈속에서 지옥을 방문하게 되었는데,
지옥 문 앞에는 죄의 항목이 적혀 있었다.
그 첫 번째 항목을 보니 이렇게 적혀 있었다.
'인생을 낭비한 죄가 가장 큰 죄이다.'
의아해서 문지기에게 그 이유를 물었더니 문지기가 이렇게 답했다.
"인생이란 시간으로 이루어져 있습니다.
시간을 낭비했다는 것은 삶을 제대로 살지 않았다는 뜻입니다.
그것은 채워야 할 칸을 빈 칸으로 남겨두는 것과 같고
다 쓰지 않은 노트를 그대로 버리는 것과 같습니다.
삶은 한 순간 한 순간을 가치 있는 일로 채워야 하기에
삶을 제대로 살지 않는 것은 죄 중에서 가장 큰 죄입니다.
왜냐하면 시간 낭비로 생을 제대로 살지 않는 사람은
삶의 숙제를 제대로 하지 않고 방치한 것과 같으니까요."

남다른 인생을 살려면

가난을 딛고 자수성가한 성공한 사회기업가에게
어떤 청년이 어떻게 하면 성공할 수 있는지에 대해 물었다.
"남다른 인생을 살고 싶다면
남다른 무언가를 반드시 지니고 있어야 합니다.
그대는 그런 차이를 얼마나 가지고 있는지요?
다수의 평범한 사람과 소수의 비범한 사람 사이엔
분명 다른 공통점이 있습니다.
평범한 사람이란 평범한 열정과
평범한 노력과 평범한 끈기를 가진 이들입니다.
반면 비범한 사람들은
비범한 열정과 노력과 끈기를 가진 이들이지요.
그들은 대개 남다른 비전과 의지와 열정으로
자신이 할 수 있는 모든 노력과 모든 시도를 다한 이들입니다.
평범하게 사는 것도 나름 가치가 있고
비범하게 사는 것도 나름 가치가 있을 것입니다.
다만 그대가 남다른 삶을 살고 싶다면,
남다른 무엇인가가 반드시 있어야 하고
남다른 무언가를 반드시 행해야 합니다.
세상사엔 결코 우연이란 없으니
언제나 원인과 결과는 반드시 연결되어 있답니다.
고로 이유 없는 실패도 없고, 이유 없는 성공도 없습니다."

독서와 삶의 사이

삶의 답은 책 속에 있지 않다.

삶의 답은 오직 삶 속에 있을 뿐.

아무리 좋은 책일지라도 그것은 언제나 삶의 주석일 뿐이다.

책에 있는 메시지를 참고해서 자신의 답을 찾아야 한다.

자신이 자기 삶 속에서 찾은 답만이 진정으로 자신의 것이기 때문이다.

자기 안에서 생생하게 살아 있는 삶의 진실과 의미를 찾을 때

우리는 그만큼 더 치유되고 그만큼 더 성장한다.

독서와 체득

아주 뛰어난 요리사에게 요리법을 배웠다고 해도
실제로 자신이 요리를 해보지 않으면
결코 요리를 잘 할 수 없는 것은 물론이요
배웠던 요리법도 다 잊어버리게 될 것이다.
이와 마찬가지로 책에 아무리 좋은 내용이 나와 있어도
이를 실제로 자신이 실행해보지 않으면
끝내 자신의 것이 되지 않을 뿐 아니라,
나중엔 읽은 기억조차 없이 깡그리 다 잊어버리게 될 것이다.
무릇 사용하지 못하는 지식은 죽은 지식이요
써먹지 못하는 지혜는 내 안의 지혜가 아닌 것이다.

사실 너머를 보는 눈

어떤 작가 지망생이 대가를 뵙고서
소설 쓰는 법에 있어 무엇이 가장 중요한지를 물었다.
대가가 은은한 눈길로 바라보며 이르길
"언제나 어떤 사실 속에 들어있는 진실을 볼 수 있어야 하고,
그것을 통해 삶의 본질을 꿰뚫는 눈을 키워야 합니다.
그런 눈이 떠질 때 사실과 진실 사이를 볼 수 있고
사람들의 수많은 마음과 마음 사이를 볼 수 있으며
사실의 이면과 본질에 더 가까이 다가갈 수 있으니까요.
기실 세상만사 모든 일이 그렇거니와,
무릇 예술이란 모두 그런 눈이 떠진 다음부터이지요.
예술이란 다양한 삶의 진실을 보고
그것을 세월의 입김에 마르지 않도록
자신의 빛과 혼으로 의미 있게 되살리는 것이니까요.
소설 또한 지워지지 않을 이야기로 그러한 것을 담는 작업일 테지요."

영혼의 글

벌목으로 잘려진 큰 나무가 갑자기 죽은 게 너무 억울했다.
죽어서 책에 쓰이는 종이가 되었는데,
그 나무귀신이 하루는 한 작가의 꿈에 나타나 이렇게 말했다.
"두 번 이상 읽을 가치가 없는 글은 쓰지도 발표하지도 말라.
다른 이가 읽어서 시간이 아깝지 않은 글을 쓸 것이며,
더더욱 영혼의 진실과 깊이가 담기지 않은 글로써
자신과 타인의 시간을 낭비하지 말라.
만일 그대가 쓰는 글에 큰 나무 그늘 같은
삶의 그늘이 드리워지지 않거나,
울창한 숲이 쏟아내는 신선한 산소만큼의
맑은 영혼의 산소가 배어나오지 않는다면
그대의 글은 고작 좋은 나무들의 아까운 목숨만 앗아간 격이다."

양보다 질

글을 남발하는 제자에게 스승이 말했다.
"60점짜리 글 100편을 쓰는 것보다
90점짜리 글 10편을 쓰는 것이 더 낫다.
설령 60점짜리 글 1000편을 써도
그는 늘 60점짜리 작가에 지나지 않는 것이고,
90점짜리 글 몇 편을 써도
그는 90점짜리 작가의 수준에 오르게 된다.
과녁에 꽂히지 않은 화살은 점수가 없다.
60점짜리 화살만 쏘는 궁사가 되고 싶은가?
적공(積功)과 인내의 세월 속에서
온 마음을 다 모으고 정신의 빛을 하나에 쏟아
글 한편에도 정성을 다해야 한다.
단지 한 편을 써도 천하의 명문을 쓰다면
그것은 길이 세월에 묻히지 않고 남는 법이다."

문장가의 뜻

어느 문장가가 젊은 시절 문장에 뜻을 두며 이렇게 맹세했다.
'나는 누구나 쓸 수 있는 글은 결코 쓰지 않을 것이다.
그런 글은 천만 편을 쓰더라도 세상에 글이 더해지지 않고,
또 천만 편을 지우더라도 세상에 글이 줄어들지 않을 것이다.
문장가는 오직 자신만이 쓸 수 있는 글을 쓸 때라야
세상에 새로운 글을 더해 줄 수 있는 것이다.
무한한 우주의 시공 속에 나란 존재가 단 하나뿐이듯
비슷한 것은 이미 나의 가치나 생명력이 없는 것이니
그것으로 어찌 이 세상에 글을 더해 줄 수 있으리오.'

작가가 되는 법

작가 지망생이 유명한 작가를 만나 방법을 물었다.

"무엇보다 가능한 만큼 최대한 더 많이 읽어야 합니다.

많이 읽어야만 내 세계가 넓어질 수 있고

한쪽으로 치우치거나 옹색하지 않을 수 않습니다.

토양이 척박하고 좁은 곳에선 큰 나무가 자랄 수 없습니다.

읽기와 쓰기의 비율이 적어도 항상 100대 1 이상은 되어야 합니다.

벌이 꿀을 얻기 위해 수많은 꽃을 찾아 끝없이 움직이듯

다른 이의 작품에서 장점과 기법을 잘 배워야 합니다.

아울러 많이 읽는 것도 중요하지만, 잘 읽는 것은 더 중요합니다.

특히 자신이 좋아하고 닮고 싶은 작품은 잠심(潛心)하여 반복해서 읽으며

그 속의 장점과 정수를 완전히 자기 것으로 만들어 보세요.

완벽하게 배워야 내 것으로 자유롭게 응용할 수 있습니다.

그리하여 많이 읽고, 정확히 읽고, 깊이 읽은 것이

내 안에 쌓이고 쌓이면 절로 넘쳐날 때가 있을 것입니다.

그때쯤엔 그것이 내 안에서 새로운 꽃으로 피어날 것이니

그래도 뜻이 이루어지지 않는 사람은 거의 없을 것입니다."

플러스 사유의 힘

어느 총장이 신입생들에게 다음과 같이 말했다.
"큰 생각이 큰 사람을 낳고
새로운 생각이 새로운 일을 만들고
정의로운 생각이 올바른 인격을 키우고
진실한 생각이 진실한 만남을 이끌고
아름다운 생각이 아름다운 사회를 촉진하고
행복한 생각이 행복한 삶을 가꾸게 합니다.
생각의 작용에도 마이너스와 플러스가 있으니
나에게 도움이 되지 않는 마이너스 사고는 모두 버리고
언제나, 자신에게 도움이 되는 플러스 생각을 하세요.
생각도 하나의 길과 같아서 자주 다닐수록
더 명료해지고 더 친숙해지고 더 강화된답니다.
생각은 우리 안에 있는 무한한 에너지이자
삶을 움직이는 정신적 동력이자 방향키이며,
생의 시작과 끝을 안내하는 불빛과 같은 것이랍니다."

혁신의 씨앗

세상에 널리 퍼져있는 불가능의 통념 속에서
가능성을 미리 볼 줄 아는 사람,
평범한 사람들이 불가능하다고 굳게 믿는 것을
가능으로 바꾸는 사람,
세상을 바꾼 이들은 언제나
그런 것을 강열하게 꿈꾼 이들 속에서 나왔다.
진정한 천재성 또한 언제나
세상에 새로운 기준을 세우는
그런 혁신의 꿈과 비전 속에서 시작되는 것이다.
창조력은 세상의 물결을 거스르는 힘에서 나온다.
그것이 처음 세상에 나올 때는 언제나 상식에 반하기 때문이다.
씨앗 속에 있는 나무를 미리 볼 수 있는 사람처럼
새로운 길은 새로운 길을 찾는 사람이 제일 먼저 첫발을 내딛는다.

최고가 되는 법

모든 면에서 최선과 최고를 지향하는 것
자기 분야에 있는 최고의 것들을 배우는 것
자신의 전부를 걸고 온 마음으로 목표에 집중하는 것
실패보다 실패에서 일어서는 것을 더 잘하는 것
정상을 향해 끊임없이 개선하고 또 개선해가는 것
무엇이 세상에 진정으로 필요한 것인지 아는 것
세상의 번영을 위해 자신을 기꺼이 내어주는 것
혼자의 힘보다 연결의 힘이 훨씬 더 강함을 아는 것
내가 가진 최고의 것을 세상에 아낌없이 주는 것
모든 지혜를 모아 세상을 널리 이롭게 하는 것
나의 성공이 곧 모든 이의 기쁨이 되게 하는 것

무위의 솜씨

어느 유명한 서예가가 운외옹을 뵙고서
글씨 쓰는 도에 대해서 물었다. 운외옹이 이르길
"글씨를 쓰는 것이 마음을 닦는 것과 함께 하지 못한다면
그것이 끝내 무슨 의미가 있겠습니까?
필력이 높아지는 만큼 영혼의 깊이도 더해져야 하는 것이니,
무릇 서예가는 글씨를 쓰는 것을 통해
나를 온전히 다 내려놓을 수 있어야 하고
또 그 내려놓음 속에서 다시 내 전부를 다 찾을 수 있어야 합니다.
나를 잊은 진정한 몰입은 놓음과 얻음을 하나되게 하거니,
언제나 그러한 초연한 내맡김 속에 무위의 경지가 있는 것이지요.
모든 예술이 이와 마찬가지일 것이며,
예술의 수준에 이른 모든 일이 또한 이와 마찬가지일 것입니다.

제4장
지혜와 통찰을 위하여

우리가 문제를 해결할 수 있는 유일한 방법은
문제보다 더 크게 성장하는 것이다.

맨리 P. 홀

세 가지 말

귓가에 닿는 말이 있고
머릿속에 닿는 말이 있고
가슴에 닿는 말이 있다.
귓가에 닿는 말은 바람처럼 지나가고
머릿속에 닿는 말은 기억되었다가 잊혀지지만,
가슴에 닿는 말은
녹아서 그 영혼 속에 스며든다.
어떤 말들이 가슴에 스미느냐에 따라
고스란히 그 영혼의 빛깔이 빚어지는 것이다.

마음 거울

장자의 거울엔 이런 글이 새겨져 있었다.
"사람은 저마다 자신의 마음으로 세상을 본다.
그래서 늘 자신의 마음만큼만 세상을 본다.
오직 스스로의 마음이 천지의 마음만큼 커질 때,
그때서야 세상과 만물의 마음을 온전히 볼 수 있다.
결국 나의 모든 마음은 나를 비추는 거울일 뿐이다."

예지(叡智)

안에서 밖을 보고 밖에서 안을 보는 것
위에서 아래를 보고 아래에서 위를 보는 것
중심에서 변두리를 보고 변두리에서 중심을 보는 것
부분에서 전체를 보고 전체에서 부분을 보는 것
현실에서 이상을 보고 이상에서 현실을 보는 것
현재에서 미래를 보고 미래에서 현재를 보는 것
맥락과 본질을 꿰뚫어보는 통찰력의 예지는
반드시 이러한 통합적 시각을 가질 때 나온다.

중정(中正)

음식에 소금이 너무 많으면 짜고 너무 적으면 싱겁다.

목욕할 때 물이 너무 뜨거워도 안 되고 너무 차가워도 안 된다.

운동할 때 바벨이 너무 무거워도 안 되지만 너무 가벼워도 안 된다.

말이 너무 빨라도 불편하지만 너무 느려도 불편하다.

너무 적게 먹어도 탈이 나지만 너무 많이 먹어도 탈이 난다.

너무 멀어도 보이지 않지만 너무 가까워도 보이지 않는다.

너무 큰 소리도 잘 들리지 않지만 너무 작은 소리도 잘 들리지 않는다.

너무 바쁜 것도 문제지만 너무 여유가 없는 것도 문제다.

세상만사에는 반드시 그때그때의 알맞음이라는 것이 있다.

더 더할 것도 더 뺄 것도 없는 완벽한 적절함이 있는 것이다.

같음과 다름

아침놀과 저녁놀은 비슷하면서도 다르다.
초승달과 그믐달은 다르면서도 비슷하다.
인생만사와 세상만물에는
비슷하지만 다른 것이 있고,
다르지만 비슷한 것이 있다.
겉은 비슷하지만 속은 다른 게 있고
겉은 다르지만 속은 비슷한 게 있다.
세상 모든 것에는 형(形)과 상(象)이 함께 있다.
형태와 심상이라는 두 가지 속성을 함께 보라.
무엇이 같고, 무엇이 다른가.
무엇이 다르고, 무엇인 같은가.
공통점 속에서 차이점을 보고
차이점 속에서 공통점을 보는 것,
그것은 우리에게 본질을 꿰뚫어 보는 눈을 가져다준다.

진실과 거짓

진실한 말과 거짓된 말,
세상에 존재하는 말은 이 두 가지뿐이다.
진실한 마음과 거짓된 마음,
세상에 존재하는 마음은 이 두 가지뿐이다.
진실한 행동과 거짓된 행동,
세상에 존재하는 행동은 이 두 가지뿐이다.
진실한 사랑과 거짓된 사랑,
세상에 존재하는 사랑은 이 두 가지뿐이다.
진실한 삶과 거짓된 삶,
세상에 존재하는 삶은 이 두 가지뿐이다.
결국 나의 세상에 존재하는 것은
내가 스스로 선택하고 체험하는
나의 진실과 거짓 이 두 가지뿐이다.

좋아한다는 것

노자가 시냇가 바위에 기대어 하루 종일
흘러가는 시냇물을 느긋이 바라보고 있었다.
제자가 왜 그렇게 하시냐고 물었다.
"저 흘러가는 물의 천성을 닮고 싶어서이지.
사람은 무릇 자신이 좋아하고 사랑하는 것을 닮아간다네.
책을 좋아하는 이는 책을 닮아가고
칼을 좋아하는 이는 칼을 닮아가고
노름을 좋아하는 이는 노름을 닮아가고
서화를 좋아하는 이는 서화를 닮아가고
자연을 좋아하는 이는 자연을 닮아가고
하늘을 좋아하는 이는 하늘을 닮아가는 법이지.
무언가를 좋아하고 사랑한다는 것은
그것이 깊고도 오래도록 마음속에 담긴다는 것이니,
사람이 어찌 자신의 마음속에
깊이 담긴 것을 닮아가지 않겠는가."

안분지족

운외옹의 집 운외선당(雲外仙堂)의 거실엔
큰 글씨로 '安分知足'이라 쓴 편액이 있었는데,
그 속엔 작은 글씨로 다음과 같은 내용이 씌어 있었다.
"안분지족(安分知足)이란
청빈하라거나 큰 포부를 품지 말라는 뜻이 아니다.
'분수에 편안하다'는 것은 자신을 잃을 만큼
욕심에 지나치게 빠져 흔들리지 말라는 뜻이요,
자신의 할 바를 제대로 알며
자신의 설 자리에 온전히 서라는 의미이다.
무릇 내면이 편안해야 족함을 알 수 있거니
'족함을 안다'는 것은 무조건 만족하라는 뜻이 아니요
자신의 노력과 능력 밖에 것을 탐하지 말라는 말이다.
아울러 이는 하루하루의 삶을 감사함으로 맞이할 줄 알며
바다로 가는 한 줄기 물결처럼,
자연의 흐름에 자신을 내맡겨 더불어 흘러갈 줄 아는 데 있다."

존재의 비늘 하나

떨어진 비늘 하나로도 그것이
용의 비늘인지 붕어 비늘인지를 알 수 있다.
그처럼 사람의 말 한마디, 글 한 구절,
혹은 작은 행동 하나가
자신의 전 존재를 비추는 비늘이 되기도 한다.
그래서 미인은 어디로 봐도 예쁘고,
영웅은 작은 것에도 영웅이라 하지 않던가.

속일 수 없는 속내

힘 있는 사람에게 공손한 사람은 많지만
힘 없는 사람에게까지 공손한 사람은 드물고,
윗사람에게 잘 대하는 사람은 많지만
아랫사람에게까지 잘 대하는 사람은 드물고,
만남이 유지될 때 친절한 사람은 많지만
헤어질 때도 친절한 사람은 드물고,
내가 잘 될 때 나를 좋아해주는 사람은 많지만
내가 힘들 때에도 나를 좋아해주는 이는 드물고,
이익이 될 때 내게 접근하는 사람은 많지만
이익이 되지 않음에도 내게 다가오는 사람은 더욱 드문 법이다.

마음의 집

작가(作家), 화가(畵家), 서예가(書藝家), 음악가(音樂家)라는 단어엔
모두 집 가(家)자가 들어있다.
작가는 글 속에 자기 집을 짓는 이이고
화가는 그림 속에, 서예가는 글씨 속에
음악가는 음악 속에 자기 집을 짓는 이이다.
이것은 모두 예술의 집이거니와,
그 집을 크게 지으면 대가(大家)가 되다. 또
사업가는 일에 자신의 집을 짓는 이이고,
전문가는 전공에 자신의 집을 짓는 이이다.
그러나 이와 달리 내면에 집을 짓는 이가 있으니
그리운 님은 언제나 연인의 가슴 속에 집을 짓는 이이고,
존경받는 성인은 만인의 영혼 속에다 집을 짓는 이일 것이다.

내면의 지도

삶에 있어 어떠한 가치관을 가지느냐는
여행자가 어떤 지도를 가지고 길을 가느냐와 같다.
만약 잘못된 지도를 가지고 있다면,
그는 목적지에 갈 수 없을 뿐 아니라
가면 갈수록 길을 더 헤매게 될 것이다.
이처럼 좋은 가치관을 가지는 것은
삶에 길을 비쳐주는 영혼의 지도를 얻는 것과 같다.
가치관이란 바로,
언제나 자기 안에 펼쳐진 내면의 지도인 까닭에!

미소 새기기

운외촌(雲外村)엔 좋은 말을 새겨서
벽돌을 만드는 공장이 하나 있었는데
그 벽돌 중엔 이런 게 있었다.
"미소라는 불씨는 사람의 얼굴에 빛을 더하는 불씨이니
이는 보는 것만으로도 번지는 불씨요,
마음의 심지에까지 닿는 불씨이니,
이 불씨가 번지고 또 번질수록…
우리의 영혼과 세상은 더 아름다워지고 더 밝아진다."

제자리

놓일 자리에 놓일 것들이
놓여 있을 때,
삶이 한결 간결해지고 편안해진다.
하나의 단어나 문장도 그러하듯이,
뭇 사물이나 여러 일들은 물론이요
사람의 숱한 마음 또한 그러하고
사람의 숱한 행동 또한 그러한다.
마음과 행동이 제자리에 놓여 있지 못하면
삶의 중심은 흐트러지고 정신을 안정을 잃는다.
천지만물과 인간만사 그 무엇이든
놓일 자리에 놓일 것들이 제대로 놓여 있을 때
삶의 격조는 보다 빛나고, 영혼은 깊은 평온을 얻는다.

내면의 아름다움

외적인 아름다움은 늙고 변해가지만,
내면의 아름다움은 늙거나 시들지 않는다.
외적인 아름다움은 꾸밀 수 있지만
내면의 아름다움은 꾸밈으로 이룰 수 없으니,
내면은 순수하고 진실한 마음이 아니면
그 무엇으로도 빛낼 수 없다.
그래서 외적인 아름다움은 눈을 기쁘게 하지만,
내면의 아름다움은 가슴에 닿아 감동을 일으킨다.
또 외적인 아름다움과
그것을 따라 움직이는 사랑은 쉬 변해가지만,
가슴에 닿는 아름다움과
그것을 따라 이룬 사랑은
세월이 흘러도 늙거나 시듦이 없으니,
그것은 내면의 빛으로 익어가는 것이기에
오래면 오랠수록 더 깊어지며 더 고귀해진다.

참된 보시

어느 아주머니가 자신은 가난해서
부처께 보시할 것이 없다고 안타까워하자
고승이 웃으며 이렇게 말하였다.
"따뜻하고 좋은 말은 입으로 하는 보시요
미소와 웃음은 표정으로 하는 보시요
친절은 몸으로 하는 보시요
이해와 배려는 마음으로 하는 보시입니다.
그 보시를 받는 모든 이가 부처인 것이니
조금도 부끄러워하거나 안타까워하실 필요가 없습니다.
참된 보시는 언제나 사랑과 자비의 마음에 제일 먼저 깃드는 것이니까요."

생의 무게

'우리들 생애의 저녁에 이르면,
우리는 얼마나 타인을 사랑했는가를 놓고
심판받을 것이다.'
알베르 카뮈의 이 글을 읽고 느낀 바 있어
청심녀는 이렇게 대를 달았다.
'우리들 생애의 저편에 이르면,
우리는 삶을 얼마나 이해하고 사랑했느냐를 놓고
영혼의 무게가 달아질 것이다.'

마음1

하루는 송하동자가 운외옹께 이렇게 물었다.
"이 세상에서 가장 큰 것이 무엇입니까?"
"마음이란다."
"그럼 이 세상에서 가장 작은 것은 뭔가요?"
"그것도 마음이란다.
쓰기에 따라, 무한히 커지기도 하고
너무나 작아지기도 하는 것이 마음이란다.
마음을 크게 쓰면 대인이 되고
작게 쓰면 소인이 되는 거란다.
마음이란 곧 오롯이 자신을 담는 그릇이거든!"

마음2

다음날 송하동자가 다시 물었다.

"이 세상에서 가장 아름다운 것이 무엇입니까?"

"마음이란다."

"그럼 이 세상에서 가장 아름답지 못한 것은 무엇입니까?"

"그것도 마음이란다.

쓰기에 따라, 한없이 아름다워지기드 하고

너무나 추해지기도 하는 것이 마음이란다.

아름다운 마음이 아니면

세상 어디에서도 아름다움을 찾을 수 없는 거란다.

사람이란 어딜 가든

언제나 자기 마음으로 보는 법이니까!"

세계 인식의 허실

지렁이와 코끼리가 보는 세상과
박쥐와 나무늘보가 보는 세상과
너와 내가 보는 세상은 저마다 같지 않을 것이다.
우리가 보는 세상은 모두 저마다
자신의 마음에 비쳐진 대로 보는 것이기에
자신에게만 그렇게 보이는 세상일 뿐이다.
때문에 내가 보는 세상이
어디까지나 하나의 관점임을 모르거나,
내가 보고 있는 대로의 것이
세상의 온전한 진실이요 실체라고 믿는 것은
저 지렁이와 코끼리와 박쥐와 나무늘보가
저마다 스스로 보는 세상이
세상의 진실이라고 여기는 것과 다를지 않을 것이다.

변화와 불변의 지혜

삶에는 변해야 할 것과
변하지 말아야 할 것이 있기에,
끝내 지켜야 할 것과
때맞춰 바꿔야 할 것이 있다.
변해야 할 것이 변하지 않는 것도 낭패요
변하지 말아야 할 것이 변하는 것도 낭패다.
그래서 지혜로운 이는
지켜가야 할 것과 바꿔야 할 것을
잘 분별할 수 있는 사람이며,
그 둘을 조화롭게
삶의 모든 것에 적용할 줄 아는 사람이다.

욕망을 다스리는 법

어느 구도자가 운외옹을 찾아와
욕망을 억제하는 법을 물었다.
운외옹이 고개를 저으며 이르길,
"욕망을 억제하려는 것은
사공이 작은 나룻배로 바다를 건너면서
파도를 억누르려 하는 것과 같습니다.
물이 없으며 배가 뜰 수 없는 것처럼
욕망이 없으면 삶도 존재할 수가 없지요.
바다를 건너가려면 물결을 잘 타야하는 것처럼
욕망은 흐름에 맞게 잘 타야하는 것이지,
억제할 것이 아니랍니다.
삶은 욕망이라는 물로 이루어진 바다이거니,
신은 우리의 욕망 속에
삶의 모든 진실과 깨달음의 불씨를 함께 심어놓았답니다."

안다는 것의 의미

어떤 이가 수목원을 50년 동안 관리해 온 이에게
숲이 무엇인지에 대해 물었다.
"무엇을 깊이 알려면
그것을 깊이 사랑해야 합니다.
사랑하지 않고서는 이해할 수 없기 때문이다.
그래서 무엇을 깊이 안다는 것은
그것을 깊이 사랑했다는 증거입니다.
그 대상이 무엇이든
깊이 사랑한 만큼만 알게 됩니다.
누구든 숲을 사랑한 만큼만,
그 교감의 깊이만큼만 숲을 알 수 있습니다.
그러니 그것을 어찌 말로 설명할 수 있겠으며
설명한들 그것이 어찌 깊은 이해에 닿을 수 있겠습니까?"

온니 원(only one)

이 세상에 오직 단 하나뿐인 느낌
이 세상에 오직 단 하나뿐인 열정
이 세상에 오직 단 하나뿐인 만남
이 세상에 오직 단 하나뿐인 성취
이 세상에 오직 단 하나뿐인 슬픔
이 세상에 오직 단 하나뿐인 사랑
이 세상에 오직 단 하나뿐인 신체
이 세상에 오직 단 하나뿐인 영혼
이 세상에 오직 단 하나뿐인 순간
이 세상에 오직 단 하나뿐인 인생
언제까지나 다시없을 이 모든 것은
이 세상에 오직 단 하나뿐인 '나'를 위해 존재한다.
삶은 우주가 내게 주는 단 하나뿐인 선물인 것이다.

더 큰 시야

나와 타인의 행복을 함께 생각하는 사람
약자와 강자의 입장을 함께 생각하는 사람
받음과 베풂의 의미를 함께 생각하는 사람
시작과 마침의 완결을 함께 생각하는 사람
순간과 영원의 공존을 함께 생각하는 사람
가짐과 잃음의 가치를 함께 생각하는 사람
성공과 실패의 교훈을 함께 생각하는 사람
자국과 타국의 번영을 함께 생각하는 사람
인간과 자연의 조화를 함께 생각하는 사람
빛과 그늘의 모든 섭리를 함께 생각하는 사람

다섯 가지 법칙

수용할 줄 아는 사람은 평온이 늘어난다.
감사할 줄 아는 사람은 풍요가 늘어난다.
기뻐할 줄 아는 사람은 행운이 늘어난다.
사랑할 줄 아는 사람은 행복이 늘어난다.
축복할 줄 아는 사람은 선덕이 늘어난다.
이 다섯 가지를 합쳐서 지복(至福) 지락(至樂)이라 한다.

행운의 법칙

작은 일에도 감사할 줄 아는 것
시련에도 굴하지 않고 다시 일어서는 것
지나간 잘못에 연연하지 않는 것
실수나 실패에서 교훈을 얻을 줄 아는 것
내면의 소리에 귀 기울이는 것
자신에게 진실하고 타인에게도 진실한 것
좋은 사람들과 많은 교감을 나누는 것
안 좋은 일에서도 늘 좋은 면을 찾아내는 것
늘 좋은 일이 생길 거라고 기대하는 것
어떤 일이건 더 좋은 쪽으로 생각하는 것
가능성이 희박해도 원하는 일이면 시도하는 것
꿈을 향해 열정을 다해 노력할 줄 아는 것
부질없는 걱정보단 초연히 희망을 그리는 것
누구에게나 친절과 사랑을 베푸는 것
자신에게도 타인에게도 늘 좋은 말을 하는 것
더 자주 미소 짓고, 밝게 웃을 줄 아는 것
모든 일이 의미 있음을 깨우치고 삶을 더 사랑하는 것

존재의 선물

타인의 아픔을 진심으로 이해해 줄 수 있는 이
타인의 슬픔을 진심으로 껴안아줄 수 있는 이
타인의 불행을 진심으로 아파해줄 수 있는 이
타인의 마음을 진심으로 받아줄 수 있는 이
타인의 행복을 진심으로 기뻐할 수 있는 이
타인의 성공을 진심으로 도와줄 주 아는 이,
이는 오직 타인의 마음과 내 마음을
하나로 만들 줄 아는 이에게만 가능할 것이니,
그 존재 하나만으로 타인에게 '고귀한 선물'이 될 것이다.

삶의 연금술

지혜의 사원에는 입구에 어떤 글귀가 적혀 있었는데,
이 사원에 들어서는 이는 입구에서
반드시 이 문장을 외워야만 들어갈 수 있었다.
「삶의 모든 일들이 나를 위해서 일어나는 일임을 아는 이는
삶의 모든 것이 다 가치 있는 좋은 일이 될 것이다.
시련을 선물이나 축복으로 받아들일 수 있는 이는
삶의 모든 것이 선물이나 축복이 될 것이다.」

역지사지의 미학

말을 할 때는 청자의 입장에서
글을 쓸 때는 독자의 입장에서
물건을 만들거나 팔 때는 소비자의 입장에서
자식일 때는 부모의 입장에서
남편일 때는 아내의 입장에서
윗사람일 때는 아랫사람의 입장에서
승자일 때는 패자의 입장에서
가진 자일 때는 없는 자의 입장에서
정치를 할 때는 국민의 입장에서
환경을 가꿀 때는 자연의 입장에서
그리고 삶을 살아갈 때는 천지의 입장에서!

마음이라는 거울

어느 대안 학교 교정엔 이런 교훈(校訓)이 쓰여 있었다.

「하루를 하늘이 내게 주는 선물이라고 생각하면
우리는 매일 아침마다 하늘이 주는 선물을 받게 된다.
배움의 기회를 삶이 내게 주는 축복이라고 생각하면
우리는 매일 공부할 때마다 삶이 주는 축복을 받게 된다.
만나는 이들을 하늘이 내게 보내준 천사라고 생각하면
우리는 매일 서로를 볼 때마다 수없는 천사들을 만나게 된다.
우리 마음이 품은 것은 언제나 다시 우리를 되비춰주는 법이다.」

늙지 않는 법

이룬 것 없이 나이만 많이 먹은 노총각이 늙어가는 것을 슬퍼했다.
그런 생각을 할수록 더 의욕이 안 생기고 우울한 마음이 들었다.
그는 오랫동안 고민하다가 하나의 결론에 도달했다.
늙는 것을 막을 수는 없지만 늙는 것을 잊을 수는 있다는 것을!
그래서 그는 우울한 마음을 털어내고
이렇게 새로운 삶의 좌표를 설정했다.
"시간을 잊어라. 나이를 잊어라. 나를 잊어라.
오로지 지금 이 순간에 몰입하여 세상 모든 것을 다 잊어라.
그것이 늙지 않는 법이요, 내 생의 최대치를 사는 법이다."

유익한 경쟁

남들이 웃기 전에 먼저 웃기
남들이 꿈꾸기 전에 먼저 꿈꾸기
남들이 인사하기 전에 먼저 인사하기
남들이 이해하기 전에 먼저 이해하기
남들이 가슴을 열기 전에 먼저 가슴을 열기
남들이 들어주기 전에 먼저 귀 기울여 들어주기
남들이 배려하기 전에 먼저 배려하기
남들이 베풀기 전에 먼저 베풀기
남들이 진실하기 전에 먼저 진실하기
남들이 달라지기 전에 먼저 달라지기
남들이 사랑하기 전에 먼저 사랑하기

고귀한 1등에 대하여

세상에서 제일 먼저 미소 짓는 사람
세상에서 제일 먼저 양보하는 사람
세상에서 제일 먼저 격려하고 축하해주는 사람
세상에서 제일 먼저 배려해주는 사람
세상에서 제일 먼저 이해하고 공감해주는 사람
세상에서 제일 먼저 친구가 되어주는 사람
세상에서 제일 먼저 나누고 베푸는 사람
세상에서 제일 먼저 감사하는 사람
세상에서 제일 먼저 기뻐하는 사람
세상에서 제일 먼저 시도하는 사람
세상에서 제일 먼저 봉사하는 사람
세상에서 제일 먼저 모범을 보이는 사람
세상에서 제일 먼저 길을 닦는 사람
세상에서 제일 먼저 슬픔을 나눠 가지는 사람
세상에서 제일 먼저 자신을 내어주는 사람…….

좋은 것에 집중하기

초등학교에 교사로 처음 부임하는 딸에게
아버지가 이런 엽서를 선물했다.
「밤하늘의 어둠 속에 빛나는 별을 보듯이
대지를 뚫고 올라오는 새싹을 보듯이
늘 삶의 부족함보다 그 속의 좋은 점을 보고
타인들의 단점보다 좋은 점들을 더 보고
세상의 수없는 좋은 점들을 계속 찾아보아라.
사랑으로 보는 것은 사랑으로 번져 가고
미움으로 보는 것은 미움으로 번져 간다.
그 무엇이든 집중하는 것은 더 커질 것이니
어둠을 보는 이는 내내 어둠과 만날 것이요,
빛을 보는 이 또한 늘 빛과 만날 것이다.」

인생을 바꿀 두 가지 질문

어떤 심리학자가 자신의 조카에게 이렇게 말했다.
"내가 오늘 네 인생을 바꿀 좋은 질문 두 가지를 알려줄게.
무릇 답은 질문을 던지는 사람이 찾는 법이란다.
앞으로 늘 이 두 가지 질문을 품고 살아가렴.
그럼 인생에 엄청난 변화가 생길 것이다."
"예 알겠습니다. 그 질문이 무엇인지요?"
"첫 번째 질문은
'내가 어떻게 하면 더 행복해질까?'이니
늘 이 질문을 품고 살아가렴. 그러면 나날이
행복해질 수 있는 방법을 훨씬 많이 알게 될 거다.
두 번째 질문은
'내가 어떻게 하면 더 지혜롭고 뛰어난 사람이 될까?'이니
늘 이 질문을 품고 살아가렴. 그러면 나날이
지혜롭고 뛰어난 사람이 되는 법을 훨씬 많이 알게 될 거다.
누구든 이 두 가지 질문을 꾸준히 던진다면
예전에 만나지 못했던 삶의 변화와 새로움을 접하게 되고
인생을 바꿀 힘과 지혜를 함께 얻을 수 있게 될 것이다."

오늘 하루 사용법

내가 오늘 하루를 어떻게 보내야 가장 행복해질까?
내가 오늘 하루를 어떻게 보내야 가장 가치 있을까?
내가 오늘 하루를 어떻게 보내야 가장 발전할까?
이러한 질문을 매일 아침마다 던지는 사람은
삶의 시간을 가장 소중하고 풍요롭게 만드는 사람이다.
이러한 질문이 거름처럼 쌓이고 쌓이면
자각이라는 재산이 갈수록 늘어갈 것이요
삶 속의 모든 일과 모든 만남 사이에
풍성하게 행복과 가치와 성장이 깃들 것이기 때문이다.

적합도의 운명

3센티 크기의 나사못이 있다고 할 때,
이 나사는 유용한 나사가 될 수도 있고
그렇지 않을 수도 있다.
이 나사가 유용한 나사가 되는 경우는
자신의 크기에 맞는 자리에 들어갈 때다.
그렇지 않고, 더 크거나 더 작은 경우를 만나면
이 나사는 쓸모없는 나사가 되고 만다.
알맞은 자리를 찾으면 제 몫을 할 수 있는 나사가
쓸모없는 나사 취급을 받고 마는 것이다.
작은 나사 하나의 신세도 이럴진대
세상만사에 불운한 만남은 얼마나 많을 것인가.
제 자리, 제 임자, 제 때를 찾지 못한
모든 일들과 사물과 사람도 또한 이와 같은 운명일 것이다.

마음의 품격을 만드는 것

인품(人品)이란 인격과 품격이 결합된 말이다.
품격이 없는 말과 품격이 없는 행동은
모두 품격이 없는 마음에서 나온 것이다.
마음의 품격은 이해, 배려, 친절, 사랑, 겸손, 절제에서 나온다.
이것은 모두 삶의 가치를 높여주는 것이기에
마음의 품격을 갖춘 사람은 그것이 언행으로 드러나
마치 난초가 어디서든 제 향기를 발하는 것처럼
어디 있어도 고유의 빛과 향기가 난다.
그것은 감추거나 속일 수 없는 존재의 격조요 미학이다.
마음의 품격이란 삶의 품격을 형성하는 가장 근원적인 요소이며
모든 인품을 만드는 결정체이기 때문이다.

저마다의 가치

세상엔 무수한 시간들이 있지만, 뿌리와 같은 시간이 있고
줄기와 같은 시간이 있고 꽃과 열매와 같은 시간이 있다.
세상엔 무수한 일들이 있지만, 뿌리와 같은 일이 있고
줄기와 같은 일이 있고 꽃과 열매와 같은 일이 있다.
세상엔 무수한 사람들이 있지만, 뿌리와 같은 사람이 있고
줄기와 같은 사람이 있고 꽃과 열매와 같은 사람이 있다.
우리가 꼭 기억해야 할 것은 뿌리와 줄기와 꽃과 열매가
이 모두가 다 소중하다는 것이요, 모두 서로 연결되어 있다는 점이다.

인생 해석학

아버지가 대학을 졸업하는 딸에게
‘인생론’에 대해서 이야기했다.
“같은 경험도 해석이 달라지면
인식과 감정이 달라진단다.
인식과 감정이 달라지면 행동 반응도 달라지고,
행동이 달라지면 자연히 인성도 달라지게 된다.
그래서 무엇을 경험하느냐도 중요하지만,
그것을 어떻게 해석하느냐는 더 중요하단다.
내 삶의 모든 경험을 어떻게 해석하느냐는
내 영혼의 창을 만드는 일이 될 테니까!
어떤 경험이든 여러 측면에서 볼 수 있어야 하고
무엇보다 자신에게 가장 도움이 되는 시각을 택해야 한단다.
좋은 시각을 가져야 그 경험이 가치 있는 것으로 바뀔 테니까.”

모르는 사람

강자 앞에서는 약하지만 약자 앞에서는 강한 사람

상대방의 잘못은 알지만 자신의 잘못은 모르는 사람

자기 입장만 알고 상대방 입장은 모르는 사람

자신은 존중받기 바라면서 상대방을 존중할 줄은 모르는 사람

자기 말은 할 줄 알지만 상대방의 말은 제대로 들을 줄 모르는 사람

자신이 받은 상처는 기억하면서 자신이 준 상처는 기억하지 못하는 사람

자기 이익이 중요하지만 때로 그 이익보다 더 중요한 게 있다는 것을 모르는 사람

그리고 무엇보다 자신이 바로 그런 사람임을 끝내 모르는 사람!

진짜 승리

어느 인권운동가 감옥에서 아들에게 이런 엽서를 보냈다.

"정직하지 않은 승리는 이겨도 이긴 것이 아니다.
옳은 일을 위해 싸우다 진 것은 져도 진 것이 아니다.
시작부터 진 것과 다름없는 싸움이 있고
결과와 상관없이 처음부터 이긴 싸움이 있다.
때로 승리보다 값진 패배가 있고
패배보다 더 추한 승리가 있다.
그 어디서든 이기고 지는 것보다 더 중요한 것은
올바른 길을 걸어가는 것이요
아름다운 승리와 아름다운 패배를 얻는 일이다."

가장 가난한 사람

받는 것은 좋아하면서 정작 자신은 베풀 줄 모르는 사람
자신보다 더 가난한 사람의 밥그릇을 빼앗는 사람
어디서든 이해타산과 자기 이익밖에 모르는 사람
모든 가치를 오로지 돈의 가치로만 평가하는 사람
돈을 아름답고 가치 있게 쓸 줄 모르는 사람
돈이 많다고 오만하거나 타인을 무시하는 사람
돈보다 더 중요한 것이 있음을 알지 못하는 사람
무엇보다 함께 잘사는 세상을 조금도 꿈꿀 줄 모르는 사람!

진짜 강자

강자는 약자의 아픔과 어려움을 배려하는 사람이다.
강자는 자신을 희생하고 자신을 내어줄 줄 아는 사람이다.
강자는 책임을 미루는 사람이 아니라 먼저 책임을 지는 사람이다.
강자는 남을 탓하기보다 솔선수범하는 사람이다.
강자는 받기보다 나누고 베푸는 것을 더 좋아하는 사람이다.
강자는 타인에게 행복과 이익을 주는 사람이다.
강자는 겸손할 줄 알고 양보할 줄 아는 사람이다.
강자는 불의에 저항하며 진실을 위해 싸우는 사람이다.
강자는 넘어진 사람을 일으켜 세우고 세상에 희망을 주는 사람이다.
강자는 혼자 가는 사람이 아니라 세상과 함께 가는 사람이다.
강자는 무엇보다 세상에서 사랑을 가장 많이 가진 사람이다.

영혼의 강자

이해할 수 없는 것을 이해하는 사람
사랑할 수 없는 것을 사랑하는 사람
용서하기 어려운 것을 용서하는 사람
절망 속에서 희망과 비전을 보는 사람
숱한 실패를 딛고서 다시 도전하는 사람
삶의 고통을 성장의 디딤돌로 삼는 사람
나와 타인을 비교하는 마음을 놓아버린 사람
번뇌와 욕망 때문에 흔들리지 않는 사람
끝까지 자신의 길을 묵묵히 가는 사람
있는 그대로 자신을 수용하고 사랑하는 사람
세상의 평가나 부귀영화에 초연한 사람
상처받지 않을 만큼 마음이 커다란 사람
자신에 대한 집착에서 홀연히 벗어난 사람

중요한 차이

돈을 써도 아깝지 않을 때가 있고 아까울 때가 있다.

고생을 해도 힘겹지 않을 때가 있고 힘겨울 때가 있다.

알아서 좋은 때도 있지만 몰라서 좋을 때도 있다.

잡아서 좋을 때도 있지만 놓아서 좋을 때도 있다.

변해서 좋은 것도 있고 변하지 않아서 좋은 것도 있다.

시간이 지나도 잊히지 않는 게 있고 금방 잊히는 것도 있다.

가까이 있어서 불편한 이가 있고 멀리 있어도 그리운 이가 있다.

짧은 시간이 길게 느껴질 때도 있고 긴 시간이 짧게 느껴질 때도 있다.

비슷하면서도 다른 게 있고 다르면서도 비슷한 게 있다.

작은 차이가 그냥 작은 차이일 때도 있지만 아주 커다란 차이일 때도 있다.

삶의 이면

진흙탕 속에서 연꽃이 피어나듯
고통 속에서 체득되는 교훈이 있고
슬픔 속에서 깊어지는 마음이 있고
실패 속에서 깨우치는 지혜가 있고
잃음 속에서 찾아지는 본질이 있고
갈등 속에서 배워지는 이해가 있고
이별 속에서 알아지는 진실이 있고
반전 속에서 생성되는 의미가 있고
시련 속에서 얻어지는 강인함이 있다.

역설의 교훈

얻는 것이 잃는 것보다 못할 때가 있다.
아는 것이 모르는 것보다 못할 때가 있다.
기억하는 것이 잊는 것보다 못할 때가 있다.
잡는 것이 놓는 것보다 못할 때가 있다.
머무는 것이 떠날 때보다 못할 때가 있다.
하는 것이 하지 않는 것보다 못할 때가 있다.
자유로움이 절제보다 못할 때가 있다.
진지함이 가벼움보다 못할 때가 있다.
안락함이 고생보다 못할 때가 있다.
여러 번이 한 번보다 못할 때가 있다.

온전한 성찰

최선에 최선의 노력을 다한 적이 있는가?

목숨을 다해 누구를 사랑해본 적이 있는가?

무엇을 위해 어떻게 살아갈지 깊이 고뇌해본 적이 있는가?

삶의 비밀과 섭리에 대해 깊이 탐구해본 적이 있는가?

타인의 성공과 행복을 위해 헌신한 적이 있는가?

책 읽는 기쁨에 원도 한도 없이 빠져본 적이 있는가?

실패를 이겨내고 자신의 이상에 끝까지 도전해본 적이 있는가?

삶의 고통에 전적으로 책임을 져 본 적이 있는가?

다른 사람의 입장이나 삶을 깊이 이해하고 배려해 준 적이 있는가?

자신이 체험할 수 있는 모든 가능성을 충분히 실증해 보았는가?

모든 것을 잊고서 현재에만 몰입해 담대하게 살아본 적이 있는가?

생각에 생각을 거듭해 자신을 깊이 이해하고 사랑해본 적이 있는가?

마음을 다 내려놓고 자기 욕망으로부터 완전히 초연해본 적이 있는가?

숨겨진 사기꾼

지키지 않을 약속을 무책임하게 남발하는 사람
진심이 아니면서 다른 이유로 사랑한다고 말하는 사람
잘 보이기 위해 마음을 숨기고 좋아하는 척 하는 사람
상품의 성능을 과대 포장해서 파는 사람
잘못된 지식이나 정보를 전하면서 이익을 얻는 사람
정치적 이권 때문에 정치를 하면서 국민을 위한다는 정치인
자신의 이익을 위해 종교적 교리를 파는 종교인
어떤 목적을 위해 사실과 진실을 왜곡하는 언론인
특정 집단의 이익을 위해 양심을 팔아먹는 학자
삶의 비밀을 제대로 모르면서 다 아는 것처럼 말하는 지식인

진짜 자부심

지식이 많다고 자랑하는 사람
재능이 많다고 자랑하는 사람
학벌이 좋다고 자랑하는 사람
인기가 많다고 자랑하는 사람
재산이 많다고 자랑하는 사람
지위가 높다고 자랑하는 사람
이룬 게 많다고 자랑하는 사람
외모가 뛰어나다고 자랑하는 사람
세상에 이런 사람은 수없이 많아도
이해와 배려와 사랑이 많다고 자랑하는 사람은 없다.
세상에 저마다 잘난 사람은 수없이 많지만
진정한 자부심은 자랑하지 않는 데 있음을,
자신의 가지로 주위에 그늘을 만들어주는 데 있음을
진정으로 아는 사람은 많지 않다.

성공이란 무엇인가

많이 가진 것이 성공이 아니다.
다른 이에게 이익과 행복을 준 것만큼이 성공이다.
높은 직위에 있는 것이 성공이 아니다.
자신의 자리에서 자기 책임에 최선을 다하는 것이 성공이다.
타인을 이기거나 앞서는 것이 성공이 아니다.
타인을 얼마나 이롭게 했느냐가 성공이다.
나로 하여 세상이 얼마나 더 좋아졌는가.
나로 하여 세상에 미소 지은 이가 얼마나 되는가.
30년을 살든, 60년을 살든, 90년을 살든…
어떤 사람을 불문하고 우리가 세상에 더한 것,
이것이 세상에 대해 말할 수 있는 유일한 성공일 뿐이다.

삶의 품격에 대한 고찰

나의 말을 듣고 싶은 사람이 많아지도록 말하고
나의 글을 읽고 싶은 사람이 많아지도록 쓰고
나와 만나고 싶은 사람이 많아지도록 행동하고
나와 함께하고 싶은 사람이 많아지도록 일하고
떨어져 있을 땐 나를 그리워하는 이가 많아지도록 살아가는 것.
나의 성공을 진심으로 기뻐하는 이가 많아지도록,
나의 불행을 진심으로 슬퍼하는 이가 많아지도록 살아가는 것.
그리하여 마침내, 살아 있을 때는 함께하는 기쁨이 있고
생이 끝났을 때는 아름다운 이름으로 오래 기억되는 것.

적절한 때

머물러야 할 때와 떠나야 할 때가 있고
말해야 할 때와 침묵해야 할 때가 있고
일해야 할 때와 휴식해야 할 때가 있고
노력해야 할 때와 놀아야 할 때가 있고
배워야 할 때와 경험해야 할 때가 있고
받아야 할 때와 주어야 할 때가 있고
잡아야 할 때와 놓아야 할 때가 있고
시작해야 할 때와 마쳐야 할 때가 있다.
모든 것에는 적절한 그만의 때가 있다.
이러한 때를 잘 아는 것이 지혜의 시발점이다.

대인과 소인

송하동자가 운외옹께 대인과 소인의 차이점을 물었다.
"자신의 이익과 행복밖에 모르는 이는 소인이요
자신뿐 아니라 타인의 이익과 행복까지 생각하는 이는 대인이란다.
때문에 소인은 마음의 시야가 좁아서
어디서든 자기 이익의 관점밖에 가지지 못하지만
대인은 마음의 시야가 넓어서
어디서든 더불어 이익이 되는 관점을 가진단다.
소인이나 대인은 어떤 자리에 있는 것이 아니라
마음의 그릇과 그 씀씀이에 있는 것이니
높은 자리에 있어도 소인인 사람이 있고
낮은 자리에 있어도 대인인 사람이 있단다.
소인들이 많은 사회는 이기심과 경쟁으로 상극하는 세상이 되지만
대인들이 많은 사회는 이타심과 협력으로 상생하는 세상이 된단다."

참된 삶

이해하고 배려하는 법을 배우지 못한다면
용서하고 사랑하는 법을 배우지 못한다면
잘못을 인정하고 사과하는 법을 배우지 못한다면
더불어 살아가는 법을 배우지 못한다면
삶의 가치를 실현하는 법을 배우지 못한다면
사회적 책임을 나눠가지는 법을 배우지 못한다면
지식이 무슨 소용이 있는가?
학문이 무슨 가치가 있는가?
우리가 서로 조화롭게 살아가지 못한다면
무엇을 참된 삶이라고 할 것이며
무엇을 참된 삶이라고 하겠는가?

사계(死計)

사람은 누구나 죽는다.
다소의 차이가 있을 뿐
우리는 누구나 시한부 인생을 살다 간다.
'어떻게 죽을 것인가?'를 결정해야
'어떻게 살아갈 것인가?'가 결정된다.
무엇을 위해 헌신하며 살 것인가?
무엇을 사랑하며 무엇을 배울 것인가?
정녕 이 생이 끝나는 날,
무엇을 위해 어떻게 살아야 후회가 없을 것인가?
죽을 계획을 잘 세워야만
생이 욕되지 않을 수 있고, 후회하지 않을 수 있다.
끝을 생각하지 않는 사람은 좋은 마무리를 할 수 없는 법이다.

탐욕이란

탐욕이란 자신의 노력과 능력 이상의 것을 바라는 것이다.
탐욕이란 자신의 이로움을 위해 타인에게 해로움을 끼치는 것이다.
탐욕이란 내 입장만 알고 상대의 입장은 모르는 것이다.
탐욕이란 절제해야 할 때 절제하지 못하는 것이다.
탐욕이란 부끄러워해야 할 것을 부끄러워하지 않는 것이다.
탐욕이란 내 안에 있지만 세상에 뿌려지는 독소와 같은 것이다.
탐욕이란 삶의 섭리를 깨뜨리고 세상의 질서를 어지럽히는 것이니
탐욕은 온갖 죄악의 근원지요, 세상을 불행에 빠뜨리는 늪과 같다.
오직 탐욕의 그물에 걸리지 않는 이만이 욕되지 않는 삶을 살 수 있다.

긍정의 이유

자신을 긍정하지 않으면 자신을 사랑할 수 없고
타인을 긍정하지 않으면 타인을 사랑할 수 없고
세상을 긍정하지 않으면 세상을 사랑할 수 없고
인생을 긍정하지 않으면 인생을 사랑할 수 없다.
긍정하지 않으면 그 무엇도 사랑할 수 없고
긍정하지 않으면 그 무엇도 수용할 수 없다.
자신과 타인과 세상과 인생을 긍정하지 않고는
그 누구도 끝내 삶의 의미와 행복도 찾을 수가 없는 것이다.

어떤 묘소

어느 작가가 죽으면서 자식들에게 이렇게 유언을 남겼습니다.
"내가 죽거든 내 묘소를 만들지 말고 화장해서 산에 뿌려라.
내 영혼은 내가 쓴 글과 책 속에서 있다.
고로 내 책이 나의 영이 깃든 묘소이다.
글은 죽지 않는 영혼의 생명체이니
나를 만나고 싶으면 내 책을 읽으면 된다.
나는 그 속에서 계속 살아있으면서 사람들을 만날 것이다.
육신의 먼지로 쓸데없이 묘소를 만들지 마라.
그곳엔 풀과 바람과 고적한 세월 말고는 아무것도 없다."

시점이 주는 통찰

지금과 똑같이 그대로 계속 살아간다면,
1달 후에 내가 후회할 일은 무엇일까?
1년 후에 내가 후회할 일은 무엇일까?
10년 후에 내가 후회할 일은 무엇일까?
20년 후에 내가 후회할 일은 무엇일까?
30년 후에 내가 후회할 일은 무엇일까?
죽기 전에 내가 후회할 일은 무엇일까?
거시적 관점은 우리에게 넓은 시야와 통찰을 준다.
그것을 미리 알고서 미리 수정할 수 있다면
삶에 후회할 일들이 많이 줄어들 것이다.

의식의 변화

제자가 '삶을 바꾸는 법'을 묻자 스승이 이렇게 답했다.
"삶을 변화시키는 것보다
삶을 바라보는 방식을 변화시키는 것이 먼저다.
삶의 변화는 삶을 바라보는 방식에서 시작되기 때문이다.
세상을 변화시키는 것보다
세상을 바라보는 방식을 변화시키는 것이 먼저다.
세상의 변화는 세상을 바라보는 방식에서 비롯되기 때문이다.
이것이 삶과 인식 사이에 놓여있는 법칙이니
무엇보다 삶에 대한 그대의 시각과 관점을 바꾸어라.
바라보는 방식은 그대 마음이 지나는 길과 같다.
그것은 그대와 안과 밖을 연결시키는 의식의 변화이니
그런 변화야말로 모든 변화의 기원이며 출발점이 될 것이다."

차이의 가치

같은 색만 있으면 그림을 그릴 수 없다.
같은 음만 있으면 음악을 만들 수 없다.
같은 느낌만 있으면 삶을 체험할 수 없다.
같은 사람만 있으면 세상이 돌아갈 수 없다.
차이가 없으면 아무것도 존재할 수가 없다.
앞면이 없이 어찌 뒷면이 있고
왼쪽이 없이 어찌 오른쪽이 있으랴.
무수한 차이가 있어 존재의 가치가 생성되고
이 세상이 다채로워지고 풍요해진다.
우리는 차이를 인정하고 존중해야 한다.
차이 속에 있는 공존의 가치와 섭리를 이해해야 한다.
차이는 삶을 형성하는 절대적 요소요
세상 모든 것이 이로써 번영의 힘을 얻기 때문이다.

감정 수용

나의 모든 감정은 내가 창조한 것이다.
내가 창조한 것을 수용하지 못하면
나는 늘 나 자신과 분리되고 불편한 관계가 지속된다.
나의 감정은 내 삶의 파노라마이자
내 세계가 존재하는 실상이다.
진정한 나 자신으로 산다는 것은
내가 창조한 모든 것을,
그리고 그것의 모든 작용과 반작용을
온전히 받아들이고 갈무리하며 사는 것이다.
내가 창조한 모든 것을 받아들일 수 있을 때
삶은 비로소 나와 결합하고 평온의 길이 열린다.

꼭 배워야 할 지혜

부정적인 모든 생각과 감정들은
마음을 가라앉히는 무거운 돌과 같다.
그 돌들이 마음속에 많으면
가슴은 답답해지고 삶은 계속 정체되게 된다.
무거운 배에서 돌을 들어내듯
부정적인 생각과 감정들은
인생 항로에서 반드시 들어내야 할
거대하고 암울한 짐인 것이다.
그런데 대부분의 사람들은 스스로
그 짐을 자기 안에 가득 싣고 살아가면서
좀처럼 짐을 버리는 법을 배우지 못한다.
살아가기 위해서 배워야 할 게 많지만,
어쩜 이것이 인생에게 가장 중요한 지혜일 터인데도!

보편적인 겸손

세상에 나보다 못한 사람은 없다.
모든 사람은 다들 그들 운명의 몫이 있을 뿐.
그 운명에 고개 숙일 줄 아는 것,
이를 알고 모든 우월감에서 내려서는 것,
이것이 우리가 지녀야 할 보편적 유대요 겸손이다.
세상엔 나보다 생명의 가치가
더한 사람도 없고 덜한 사람도 없다.
누구에게나 자기 생명의 가치는 동일하기 때문이다.
모든 사람은 생명의 가치 안에서 절대적으로 동일하다.
그 가치 앞에 겸허한 사람만이 진정한 어른이 된다.

마음에 남는 사람

아들이 시인인 아버지께 물었다.
“아버지는 어떤 시를 쓰고 싶으세요?”
“사람들의 마음에 오래 남는 시를 쓰고 싶단다.”
“그건 왜죠?”
“그게 가장 좋은 시니까!
감동을 주는 시란 곧 마음에 오래 남는 시일 테니까.”
“그럼 아버지는 어떤 삶을 살고 싶으세요”
“사람들의 마음에 오래 남는 사람이 되고 싶단다.
그게 내가 생각 하는 가장 좋은 삶이니까!”
“그건 왜죠?”
“마음에 오래 남는 사람이 된다는 것은
타인에게 마음의 보석처럼 소중한 존재가 되는 것이니까,
그건 세상에서 가장 아름답고 높은 성공일 테니까!”

근원적 질문

고명한 철학자에게 제자가 물었다.
"가장 중요한 철학적 질문은 무엇인지요?"
"'사람을 가장 사람답게 하는 것이 무엇일까?
인생을 가장 인생답게 하는 것이 구엇일까?'
내가 꼽는 질문은 이 두 가지라네.
이 안에 우리가 찾아야 할
삶의 가치와 도덕과 비전이 다 담길 테니까."
"그 다음으로 중요한 질문은 무엇인지요?"
"그 두 가지 질문에 대한 답을 전제로
'어떻게 하면 인간다운 세상을 만들 것인가'에 대한 것이네.
바다로 가는 강물의 모든 물결이 서로 연결되어 있듯이
우리도 늘 서로 연결되어 있으며,
이 안엔 우리가 찾고자 하고 찾아야만 하는
삶과 세상 사이의 모든 진실과 진리가 다 깃들 테니까."

야성의 존재론

굽은 자가 곧은 자를 비웃자 곧은 자가 이렇게 말했다.
"세상에 길들여지지 않은 사람
세상의 불의에 저항할 줄 아는 사람
끝까지 자신의 길을 갈 줄 아는 사람
그런 야성이 없는 사람은 졸장부에 지나지 않는다.
야성이 없는 사람은 쉽게 타협하거나 굴복하는 법이다.
세상을 선도하거나 세상을 바꾼 사람들은
예외 없이 남다른 야성을 지닌 이들이었다.
굽어진 자(尺)는 결코 곧은 자의 역할을 할 수 없다.
세상은 늘 나를 흔들거나 굴종케 하는 것으로 가득하니
이에 굴하지 않는 기개 없이 어찌 자신의 세계를 지키겠는가.
야성이란 정신적 생명력이자 순수함이며 꺼지지 않는 의기(義氣)다."

삶의 색깔

소리에도 색깔이 있으니 이를 음색이라 하고
얼굴에도 색깔이 있으니 이를 혈색이라 하고
기분에도 색깔이 있으니 이를 기색이라고 하고
모습에도 색깔이 있으니 이를 형색이라고 하고
인성에도 색깔이 있으니 이를 본색이라고 한다.
세상 모든 것엔 그것만의 고유한 색깔이 있고
그 색깔들은 말하지 않은 어떤 것들을 오롯이 말한다.
말씨에도 색깔이 있고, 눈빛에도 색깔이 있듯
우리의 모든 마음과 행동에도 어떤 색깔이 스며 있다.
나의 눈보다 타인의 눈에 더 잘 보이는 것들,
존재 자체로 그대로 드러나는 속일 수 없는 것들이 있다.
내 모든 것이 어우러져 빚어내는 생의 표정,
한 사람의 인생에도 음영처럼 그를 말해주는 고유한 색깔이 있다.

새로운 세상을 만드는 것들

세상에 차이를 가져다주는 사유가 있다.

세상에 차이를 가져다주는 비전이 있다

세상에 차이를 가져다주는 책들이 있다.

세상에 차이를 가져다주는 희생이 있다.

세상에 차이를 가져다주는 선행이 있다.

세상에 차이를 가져다주는 예술이 있다.

세상에 차이를 가져다주는 기술이 있다.

세상에 차이를 가져다주는 교육이 있다.

세상에 차이를 가져다주는 정책이 있다.

세상에 차이를 가져다주는 결속이 있다.

세상에 차이를 가져다주는 화해가 있다.

세상에 차이를 가져다주는 도전이 있다.

세상에 차이를 가져다주는 사람이 있다.

세상에 차이를 가져다주는 어떤 시작이 있다.

인생 이야기

내 인생 이야기는 오직
내가 만난 사람들을 통해 이루어진다.
내 삶 속에 그들이 있는 것처럼
내가 만난 사람들 속에 또 다른 내가 있고
내 안과 밖에 새겨진 오롯한 시간의 음영이 있다.
누구를 만날 것이며, 어떻게 만날 것인가.
어떤 마음으로 어떻게 연결되고 끊어질 것인가.
삶은 언제나 접속과 분리의 수레바퀴 속에 있는 법!
그 어떤 인생을 얼마큼 살든
만남은 우리 삶의 본질이자 모든 것이니,
그것이 내 인생 이야기의
모든 방향과 무늬와 빛깔을 결정할 것이다.

삶이란 선택의 총합이다

운외촌에 만든 부채엔 이런 글귀가 적혀 있었다.

"무엇과 어울려 지내느냐는
곧 그 삶의 모든 내용을 결정짓는다.
좋은 책과 접하고
좋은 언행과 접하고
좋은 사람과 접하고
좋은 모임과 접하고
좋은 일들과 좋은 계획들을 접하라.
그리고 무엇보다 늘 좋은 생각, 좋은 마음으로
자신의 밝고 아름다운 내면과 접하라.
세상엔 실로 다양한 존재와 속성들이 있지만
끊임없이 좋은 것들을 접하여 가면,
내 삶의 테두리엔 끝내, 온통
그 좋은 것들의 빛과 향기로 가득 채워질 것이다.
삶이란 오직 그 선택들이 모여서 이루어지는 것일 뿐이니!"

사고방식이 내면의 지도를 만든다

모든 생각은 세계관이라는 인식의 틀에서 나오기에,
한 사람의 세계관은 언제나
그 내면 속에 있는 마음의 지도가 된다.
세계관을 만드는 것은 사고방식이므로
좋은 사고방식을 가지지 못한 사람은 온전한 지도를 가질 수 없다.
잘못된 지도로는 끝내 목적지에 도달할 수 없는 것처럼
잘못된 사고방식으로는 끝내 삶의 진실을 만나는 길이나
행복으로 가는 길을 찾을 수가 없다.
삶이란 언제나 그 지도를 따라 움직이는 것이기에
모든 생각을 추동시키는 내면의 지도가 올바르지 않으면
삶의 항로는 끝내 제 길을 찾아갈 수 없을 것이다.
내면의 지도가 잘못되는 것은 곧 나를 잃어버리는 지름길과 같다.

제5장
아름다운 세상을 위하여

어떤 사람은 우리 삶 속으로 들어와
잠시 머물다 그냥 떠나지만
어떤 사람은 잠시 머무는 동안
우리 삶을 크게 변화시키는
아름다운 발자국을 가슴속에 남겨놓고 떠난다.

플라비아 위즈

한 가지 일이 지닌 가치[1)]

한 사람의 칭찬과 격려가 꿈과 희망을 줄 수 있다.
한 권이 좋은 책이 쓰러진 사람을 일으켜 세울 수 있다.
한 번의 사과가 맺힌 마음을 풀게 할 수 있으며
한 번의 관심과 배려가 벗을 만들어 주기도 하고
한 번의 도전과 용기가 삶에 새로운 문을 열어주기도 한다.
한 가지 집념으로 새로운 길을 발견하게도 되며
한 번의 고백이 사랑의 열매를 가져다주기도 한다.
한 가지 아이디어가 무너지던 기업을 살리기도 하고
한 가지 정책이 사회에 의미 있는 차이를 가져다준다.
하나의 취미가 삶의 여정을 풍요롭게 하고
하나의 좋은 습관이 행복의 디딤돌이 되기도 한다.
한 번의 수혈이 한 사람의 목숨을 살리기도 하고
한 사람의 꿈이 세상을 바꿔놓기도 한다.
한 번의 뜻 깊은 만남이 인생을 바꿔놓을 수도 있다.
하루와 하루가 모든 인생의 시작이고
한 사람 한 사람이 모든 인류의 시작이듯이
한 번의 시도와 한 가지 실천이 세상 모든 변화의 시작이다.

1) 이 글은 틱낫한 스님의 『마음에 평화 얼굴에는 미소』에 있는 "한 곡의 노래가 순간에 활기를 불어넣을 수 있다. (…)"의 글에 화답한 것입니다.

인생의 재산

나로 하여 기쁨을 얻은 이가 얼마나 되나
나로 하여 용기를 얻은 이가 얼마나 되나
나로 하여 눈물을 닦은 이가 얼마나 되나
나로 하여 이익을 누린 이가 얼마나 되나
내가 힘써 일으켜 세운 이는 얼마나 되나
내가 지상에 밝힌 삶의 빛은 얼마나 되나
내가 세상에 더한 아름다움은 얼마나 되나
내가 가진 것 말고 진정 내가 준 것은 얼마나 되나

세상이라는 가족

내 아들딸만 내 아들딸이 아니라,

세상의 모든 아들딸들이 모두 내 아들딸들이다.

세상의 모든 아들딸들이 내 아들딸들이 될 때,

실제 내 아들딸들도 보다 평화롭고 행복한 세상에서 살게 된다.

이처럼 내 아버지 어머니만

내 아버지 어머니가 아니라,

세상의 모든 아버지 어머니가 내 아버지 어머니가 될 때,

그때 세상은 한 가족처럼

서로를 믿고 사랑하고 보호할 수 있는 아름다운 울타리가 될 것이다.

세상은 늘 우리가 서로에게 주는 것으로 만들어진다.

결국 우리가 보낸 사랑은 더 큰 사랑이 되어

빠짐없이 우리 모두에게로 되돌아오는 것이다.

이기심과 이타심

사람의 마음에는 두 가지 뿌리가 있다.
그래서 삶 속에도 두 가지 뿌리가 있고
이 세상 속에도 두 가지 뿌리가 있다.
모든 죄악과 모든 부조화와 모든 전쟁의 뿌리,
나밖에 모르는 이기심이라는 뿌리,
이 뿌리 쪽으로 마음을 뻗은 이는 소인이 된다.
모든 미덕과 모든 조화와 모든 번영의 뿌리,
나와 너를 함께 생각하는 이타심이라는 뿌리,
이 뿌리 쪽으로 마음을 뻗은 이는 대인이 된다.
첫째 뿌리와 둘째 뿌리 중
어느 쪽으로 마음의 뿌리를 뻗느냐에 따라
사람이 달라지고, 삶이 달라지고, 세상이 달라진다.

성공의 기준

기부천사로 알려진 어떤 유명 배우가
성공의 의미를 묻은 기자의 질문에 이렇게 답했다.
"저는 성공의 기준을 가진 것이 아니라 나눈 것으로 판단합니다.
내가 일생 동안 타인에게 준 행복의 양은 얼마나 될까요?
만약 이런 것이 성공의 기준이 된다면
나는 그리고 우리는 얼마나 성공한 것일까요?
우리는 늘 자신의 행복에만 골몰하지만
우리의 이웃과 함께 나누는 행복이 내 삶의 소중한 가치가 된다면,
우리가 지향하는 삶의 기준은 완전히 달라질 것이요
따라서 세상의 모습도 확연히 달라질 것입니다.
그렇게 우리 모두가 '성공의 기준'을 바로 세우면
세상은 분명 더 건강하고 아름다운 모습을 바뀌게 될 것입니다."

빛과 소금이 되는 사람

대통령이 새로 임명된 각부 장관에게 보낸
엽서엔 이런 글귀가 적혀 있었다.
「지식을 가진 사람은 많지만
그 지식을 끝까지 정직하게 쓰는 이는 많지 않고
약속을 쉽게 하는 이는 많지만
그 약속을 온전히 지켜내는 이는 많지 않습니다.
하지만 세상에 빛과 소금이 되는 이는
끝까지 정직하게 온전히 약속을 지키는 사람,
언제나 이 많지 않은 이들 속에서 나오는 법입니다.」

생명의 손

『삶의 예언』이란 책엔 이런 구절이 있었다.

"쓰려져 있는 이를 일으켜 세워라.
누구에게나 힘들고 지칠 때가 있고
절망과 좌절에 쓰러져 있을 때가 있느니,
그의 주저앉은 마음을 일으켜
삶의 발걸음이 다시 숨 쉬게 하라.
쓰러져 있는 이를 일으켜 세우는 그 손은
생명의 손이요, 우리를 하나로 이어주는 손이니
이는 순환의 바퀴를 돌고 돌아
동그란 하나의 결속과 이어짐 속에서
결국 우리 모두의 삶을 일으켜 세우는
따뜻한 사랑과 구원의 손이 되리라."

참된 혁명

어느 혁명가가 운외옹께 찾아와
세상을 바꿀 수 있는 방법을 물었다.
"세상을 바꾸고 싶어 하는 이는
무엇보다 자신의 내면을 바꾸어야 합니다.
사람들은 늘 저마다 제각각 다른 것을 꿈꾸는 까닭에
사실 우리가 바꿀 수 있는 것은 우리의 마음뿐입니다.
내 마음 너머로 거듭나는 것,
나를 넘어선 무한한 사랑의 마음을 얻는 것이
하늘 아래 가장 큰 혁명이요,
세상을 바꿀 수 있는 가장 강력한 힘이 될 것입니다.
오직 사랑만이 마음과 마음을 통하게 하고
세상을 아름답게 바꿀 수 있는 위대한 힘이 될 테니까요."

좋은 스승

좋은 스승이란 제자의 현재 모습이 아니라
제자의 가능성과 발전된 미래를 '미리' 볼 줄 아는 자이다.
작은 씨앗 안에 나무의 울창한 잎들과 큰 그늘이 들어있듯,
배움의 길에 있는 미완의 작은 씨앗 속에서
푸르른 미래와 커다란 성취를 현실로 끄집어낼 줄 아는 이!
그래서 좋은 스승이란 언제나
뜨거운 비전의 불씨를 전해주기 위해
제자의 가슴에 귀기우릴 줄 아는 자이며
현재가 아니라 성취된 미래를 보도록 끊임없이 독려하는 자이니,
이 세상 모든 꿈의 성취는 언제나
그 미래를 미리 볼 줄 아는 데서부터 시작되기 때문이다.

청출어람(靑出於藍)의 공

자신의 어깨와 등을 내어주고서
제자의 디딤돌이 되어 주는 것
내가 한 실수를 하지 않도록 하는 것
내가 쌓은 지식과 경험의 정수를 전해주는 것
자신의 부족함 앞에 겸허할 줄 아는 것
나보다 더 뛰어나고 더 큰 사람으로 만드는 것
그래서 제자의 성장과 성공을 자신의 기쁨으로 여기는 것
이것이 세상에 모든 참된 스승의 공통된 마음이자 공이다.

교육자의 소명

방황을 끝내고 새 출발을 하는 학생이
자신에게 각별히 신경을 써즈시는 선생님께 이렇게 물었다.
"선생님은 왜 그렇게 저를 도와주려 하시나요?"
"교육자의 목표는 학생들을 변화시키는 것,
올바르고 좋은 길을 갈 수 있도록 돕는 것,
세상에 훌륭한 인재를 키워내는 것이란다.
그래서 학생의 꿈은 선생의 꿈이 되고
학생의 성공은 곧 선생의 성공이 된단다.
너의 미래는 나의 미래이자 세상의 미래다.
내가 너를 돕는 것은 나 자신을 돕는 것이니
너의 기쁨과 발전이 나의 기쁨이자 발전이란다.
이것이 내가 세상을 고양시키는 방법이니
이는 모든 교육자의 보람이요 아름다운 소명일 것이다."

정치

어느 국회의원이 정치에 대해 운외옹께 물었다.
"정치는 만인의 번영과 행복을 위한 것이지요.
그래서 정치란 자신의 영화나 야심을 위해서가 아니라
만인을 위해 '봉사'하는 일일 것입니다.
만인의 번영과 행복을 위해 봉사하는 일이기에
정치는 아무나 할 수 있는 일이 아니지요.
오직 큰 지혜와 큰 사랑을 가진 이만이 할 수 있는 일이요,
자신을 기꺼이 내어줄 수 있는 이만이 할 수 있는 일이지요.
그런 점에서 정치란 성직 중에 성직이요,
큰 지혜와 큰 덕을 가진 철인(哲人)이 아니면
잘 하기가 쉽지 않은 일일 것입니다."

정치인의 필수 덕목

어느 정치인이 운외옹께

정치인이 반드시 지녀야 할 덕목이 무엇인지를 물었다.

"정치인은 무엇보다 겸손하고 또 겸손하고 또 겸손해야 합니다."

"그건 왜 그런지요?"

"마음이 낮아지고 또 낮아지고 또 낮아져서

가장 낮은 곳이 있는 이들의 입장과 고통까지 이해할 수 있어야하기 때문입니다.

마음이 낮은 곳으로 흐르는 이만이

모든 이와 소통할 수 있고 자신을 내어줄 수 있는 법이지요.

정치란 지배하는 것이 아니라 봉사하는 것입니다.

마음이 낮아지지 않는다면 무엇으로 국민을 받들 수가 있겠습니까?"

진짜 리더는 삶으로 말한다

부자 정치인이 선거 유세를 다니는데 한 시민이 이렇게 말했다.
"우루과이의 무히카 대통령은 늘 자기 수입의 90%를 기부했습니다.
자신을 희생할 것처럼 다들 말은 번듯하게 하지만
그렇게 국민을 걱정하고 서민을 위한다면
왜 후부님 재산 대부분을 좋은 일에 쓰지 못하셨나요?
말은 꾸밀 수 있으나 살아온 삶은 속일 수가 없는 법입니다.
행동의 실천보다 말이 앞서는 사람을 어떻게 믿을 수 있나요?
노블리스 오블리제를 실천하지 못하는 이가 리더가 될 자격이 있나요?
리더란 사회적 책임을 감내하며 누구보다 솔선수범하는 이이며,
우리가 만들어가야 할 미래를 삶으로 먼저 보여주는 이가 아니던가요?"

정책 발명가

어느 정책 연구가가 대통령에게
'국민정책제안 제도'를 권유하며 다음과 같이 말했다.
"밥 한 그릇은 한 끼를 해결 할 수 있지만
좋은 정책은 국민 전체의 끼니를 해결할 수도 있습니다.
좋은 정책을 만드는 것 그것은 위대한 발명과 같습니다.
빈곤으로 죽어가는 사람이 없는 세상을 위해
인간의 잠재력을 최대한 끌어올리는 교육을 위해
불평등과 부정과 불의가 없는 사회를 위해
차별과 무시와 배타가 없는 성숙된 문화를 위해
서로를 배려하고 사랑하며 살 수 있는 공동체를 위해
영구히 잘 보존해야 할 지구별의 환경을 위해
국가 간에 전쟁이 없는 전 인류의 평화를 위해
다 함께 뜻을 모아 좋은 정책을 만들어내는 것은,
그 정책으로 위대한 정치를 실현하는 것은
지금까지 그 누구도 만들어낸 적이 없는
기적과 같은 가장 위대한 발명품이 될 것입니다."

권위와 권위주의

송하동자가 하루는 역사책을 읽다가
운외옹께 권위와 권위주의 차이점에 대해 물었다.
"권위는 타인이 주는 것이라면
권위주의는 자신이 스스로 강요하는 것이란다.
권위가 있는 건 좋지만 권위주의가 있어서는 안 된다.
타인이 내게 주는 것은 영예지만
자신이 강요하는 것은 일종의 폭력이란다.
권위란 내게 있으면서 또 내 밖에 있는 것이니
이는 뛰어난 실력과 좋은 영향력으로
타인을 이롭게 하는 데 그 가치가 있단다.
그런 점에서 보면 권위주의자들은
권위가 무엇인지 가장 잘 모르는 이들이 아니겠느냐."

리더의 조건

희생 없이 좋은 리더가 될 수는 없다.
헌신 없이 좋은 리더가 될 수는 없다.
비전 없이 좋은 리더가 될 수는 없다.
실력 없이 좋은 리더가 될 수는 없다.
용기 없이 좋은 리더가 될 수는 없다.
신념 없이 좋은 리더가 될 수는 없다.
정직 없이 좋은 리더가 될 수는 없다.
포용력 없이 좋은 리더가 될 수는 없다.
강인함 없이 좋은 리더가 될 수는 없다.
선견지명 없이 좋은 리더가 될 수는 없다.
지혜와 경륜 없이 좋은 리더가 될 수는 없다.
모범을 보이지 않고 좋은 리더가 될 수는 없다.
그러나 그 무엇보다 눈과 귀와 가슴을 열고
끊임없이 배우지 않고는 좋은 리더가 될 수 없다.
리더란 가장 먼저 깨어있는 이요
그것으로 누구보다 앞서가는 이이기 때문이다.

나로부터 시작되는 세상

철학 교수가 학생들에게 이렇게 말했다.

"더 나은 세상을 바란다면 나부터 더 나은 사람이 되어야 합니다."

그런 점에서 여러분께 글쓰기 주제를 하나 내어줄까 합니다.

그 주제는 다음과 같습니다."

「세상에 나 같은 사람이 많아지면 어떻게 될까?

나 같은 사람이 많아지면 세상이 더 아름다워질까?

나 같은 사람이 많아지면 세상이 더 조화로워질까?

나 같은 사람이 많아지면 세상이 더 평화로워질까?

나 같은 사람이 많아지면 세상이 더 따뜻해질까?

나 같은 사람이 많아지면 세상이 더 새로워질까?

…… 아니면 세상이 무색하도록 이와 정반대가 될까?」

성공의 의미

새 사업을 위해 해외로 떠나는 사업가 아들에게
고아원 원장인 아버지가 이렇게 말했다.
"네 꿈을 이루어 꼭 성공하길 빈다.
그러나 그 성공을 혼자 다 누리지 말고
약자와 패자와 함께 누릴 수 있는
겸손하고 따뜻한 사람이 되었으면 좋겠다.
무릇 세상의 모든 성공은
서로의 관계 속에서 이루어지는 것이고,
그 관계 속에서만 의미가 있는 것이다.
하여 모든 성공이란 나만의 것이 아니라
우리 모두의 것이 되어야 한다."

아름다운 세상

아름다운 세상이란
아름다운 사람이 많은 데 있으며,
아름다운 사람이란
아름다운 마음에 있고,
아름다운 마음이란
함께 아파할 줄 아는 가슴과
서로를 이해하고 껴안을 수 있는
마음의 여백에 있다.
아름다운 세상이란 결국,
서로를 진실하게 품을 수 있는
마음의 폭과 깊이에 있는 것이다.

거듭나는 것의 가치

어느 자원봉사 단체엔 함께 외우는 구호가 있었다.

「흔한 빗물도 사과나무가 먹으면 사과가 되고
버려진 볏짚도 새가 모우면 둥지가 되고
깨진 모래알도 진주조개가 품으면 진주가 된다.
평범한 것을 가치 있는 것으로 바꾸는 일
흔한 것을 특별한 것으로 바꾸는 일
버려진 것을 새로운 것으로 거듭나게 하는 일
시련과 고통을 삶의 거름으로 만드는 일
이는 모두 어떤 마음으로 그것을 대하느냐에 달린 문제이다.」

벽 허물기

관념의 벽은 체험에 닿을수록 무너지고
이념의 벽은 진리에 닿을수록 무너지고
종교의 벽은 깨달음에 닿을수록 무너지고
미움의 벽은 이해심에 닿을수록 무너지고
대화의 벽은 관심과 공감에 닿을수록 무너지고
불신의 벽은 진실과 정직에 닿을수록 무너지고
갈등의 벽은 용서와 배려에 닿을수록 무너진다.

나눌수록 커지는 것

청심녀가 송하 동자에게 수수께끼를 내었다.

"나누면 나눌수록 커지는 게 뭐게요?"

"나누면 나눌수록 커지는 거라면 우리의 '마음'이 아닐까요!

마음은 나눌수록 경계가 더 넓어지지만

아무리 나누어도 줄어드는 법이 없으니까요."

"그래 잘 맞췄구나.

나누면 나눌수록 커지는 건 대부분 마음과 관련이 있단다.

공감, 이해, 사랑, 우정, 친절, 배려, 행복, 평화……

이런 것들도 모두 나눌수록 더 커지는 것들이지.

세상을 아름답게 하는 것들은 대부분 이와 연계된 것이란다."

영혼의 거지

어느 경제학 교수가 학생들에게 이렇게 말했다.
"거지에는 물질적 거지와 정신적 거지가 있습니다.
물질적 거지는 단지 돈이 없어 다른 이에게 구걸하는 이지만
정신적 거지는 자기 이익을 위해
가난한 사람의 밥그릇을 뺏는 사람입니다.
게다가 이들은 자신이 타인의 밥그릇을 빼앗았다는 사실을
자각조차 하지 못하는 이들입니다.
탐욕에 빠져 승자독식의 삶을 추구하지만,
아무리 재산이 많아도 그렇게 살면 정신적 거지에 지나지 않습니다.
자본주의엔 그렇게 자기 이익밖에 모르는 거지들이 많은데,
물질적으로 아무리 풍족해도 그런 거지들이 많은 사회는
부조화가 만연한 불행한 사회가 될 수밖에 없습니다."

어른

세상의 어른이란 자신뿐 아니라
사회 공동체 모두를 생각할 줄 아는 사람이다.
어른이란 정신적인 성숙을 갖춘 사람이니
자기밖에 모르는 어린 마음에서 벗어난 이이기 때문이다.
자기만 생각하는 이는 나이를 먹어도
여전히 미성숙 속에 있는 아이에 불과하다.
그것은 지위나 재산과 상관없이
오직 마음의 폭이 얼마나 커졌느냐에 따라 좌우된다.
어른이 어른답지 못할 때 세상은 혼탁해지고 어두워진다.
어른다운 어른은 세상의 기준이요 버팀목이니
어른다운 어른이 더 많은 사회일수록
밝고 건강한 사회가 될 것은 자명한 일이다.

앞서가는 사람을 만드는 교육

아들아,
타인을 이기거나 앞서가는 사람,
타인보다 더 많이 가진 사람이 되려 하지 말아라.
그것은 기껏해야 이기심을 채우는 일에 지나지 않는단다.
정녕 남보다 앞서가려면 이런 사람이 되려무나.
타인의 장점을 제일 먼저 알아주는 사람
타인의 선행을 제일 먼저 알려주는 사람
타인의 아픔을 제일 먼저 위로하는 사람
타인의 노고를 제일 먼저 격려하는 사람
타인의 눈물을 제일 먼저 닦아주는 사람
타인을 위해서 제일 먼저 자신을 내어주는 사람
언제 어디서든 이런 사람이 되려무나.
이런 사람이 우리 세상에서
가장 앞서가는 사람이요, 가장 귀한 사람이란다.

필요한 사람

언제든 세상 어디에나
타인의 관심이 필요한 사람이 있다.
타인의 이해가 필요한 사람이 있다.
타인의 배려가 필요한 사람이 있다.
타인의 사랑이 필요한 사람이 있다.
타인의 도움이 필요한 사람이 있다.
타인의 용서가 필요한 사람이 있다.
이와 마찬가지로 세상엔 언제나
나의 관심이 가장 절실한 사람이 있다.
나의 이해가 가장 절실한 사람이 있다.
나의 배려가 가장 절실한 사람이 있다.
나의 사랑이 가장 절실한 사람이 있다.
나의 도움이 가장 절실한 사람이 있다.
나의 용서가 가장 절실한 사람이 있다.
내가 누군가에게 절실한 사람이 되어주는 것은
내가 어떤 이에게 필요한 존재가 되는 최선의 길이다.

도움의 미학

내 도움이 필요하지 않은 사람이 존재한 적은 없다.
언제 어디서든 내 도움이 필요한 사람이 있기 마련이다.
아울러 내가 도울 수 있는 능력이 없었던 적도 없다.
그 무엇으로든 내가 도울 수 있는 무언가가 반드시 있기 때문이다.
우리는 끊임없이 타인에게 관심을 가져야 하고
이를 통해 내 내면과 삶의 외연을 확장시켜야 한다.
그것을 외면하는 것은 마음의 난장이가 되는 일이요
내 삶의 폭과 깊이를 작아지게 하는 일이기 때문이다.
내가 누군가를 도울 때 나는 세상에 꼭 필요한 사람이 된다.
이 때문에 내가 누군가를 기꺼이 도울 때는
반드시 삶에 생명력과 세상의 빛을 더하는 사람,
자신뿐 아니라 타인에게도 가치 있는 존재가 되는 것이다.

새로운 길을 찾는 법

더 나은 세상을 원한다면

지상의 모든 사람들이

보다 더 나은 관계를 맺어야 하고

더 나은 관계를 원한다면

보다 더 나은 방식을 찾아야 하고,

더 나은 방식은 원한다면

보다 더 나은 지혜를 가져야 하고,

더 나은 지혜를 얻으려면

보다 더 나은 의식을 가져야 하고,

더 나은 의식을 얻으려면

보다 더 나은 배움을 얻어야 한다.

더 낳은 세상이란 오직 우리의 성장 속에 있기 때문이다.

아름다움의 기본 공식

아름다운 입은 좋은 말씨로 만들어지고
아름다운 눈빛은 따뜻한 마음으로 만들어지고
아름다운 얼굴은 맑은 미소로 만들어지고
아름다운 손은 돕는 행위에서 만들어지고
아름다운 관계는 친절과 존중으로 만들어지고
아름다운 인연은 배려와 사랑으로 만들어지고
아름다운 인격은 겸양과 베풂으로 만들어지고
아름다운 성장은 성찰과 배움으로 만들어지고
아름다운 성공은 비전과 개선으로 만들어지고
아름다운 가정은 절제와 포용으로 만들어지고
아름다운 정치는 정직과 헌신으로 만들어지고
아름다운 사회는 신뢰와 연대로 만들어지고
아름다운 인생은 성숙과 선행으로 만들어진다.

사람의 결정적 차이

비판하는 사람은 많아도
해결책을 제시하는 사람은 많지 않고,
책임을 묻는 사람은 많아도
자신이 나서 책임을 지는 사람은 많지 않다.
학벌이 좋거나 학식이 뛰어난 사람은 많아도
그릇이 큰 사람은 많지 않으며,
자신의 편함이나 이익을 잘 챙기는 사람은 많아도
자신을 희생해 타인을 위할 줄 아는 사람은 많지 않다.
성공했다고 우쭐대는 사람은 많아도
약자의 슬픔과 고통을 이해해주는 사람은 많지 않고
윗자리에 있다고 아랫사람 우습게 보는 사람은 많아도
진정으로 상대를 존중할 줄 아는 이는 많지 않다.
세상에는 실로 많고 많은 사람들이 있고
저마다의 다양한 특성과 차이점을 지니고 있지만
인간적 깊이와 따뜻함과 미덕을 함께 갖춘 사람은 많지 않다.

참된 쓰임

법관이 된 아들에게 아버지가 당부의 말을 남겼다.
「자기 일신의 행복과 안위만을 생각하는 사람은
아무리 좋은 지식을 많이 접해도
그 지식을 자신의 행복과 안위를 위해서밖에 쓰지 못한다.
하지만 적은 지식이라도 그 지식을
자신의 행복과 평안뿐 아니라
타인의 행복과 번영을 위해서 쓸 수 있는 사람은
세상에 작은 빛을 더하는 사람이니,
그런 사람이라야 지식의 가치를
제대로 아는 사람이라 할 수 있을 것이다.
아름다운 세상을 만들기 위해선 언제나
자기중심적인 명석한 두뇌보다
따뜻한 가슴에 닿는 사랑의 정신이 더 중요한 법이므로!」

권력의 본질

권력을 가진다는 것은
자신을 이롭게 하기 위한 것이 아니라
세상을 이롭게 하기 위한 것이다.
그러므로 권력을 타인과 세상을
이롭게 하는 데 쓰지 못한다면
그러한 권력은 없느니만 못한 것이다.
권력이란 어디까지나 타인 지향적인 것이요
지극히 이타적인 가치와 목적을 위한 것이다.
권력이란 흩어져 있는 만인의 작은 힘을
오직 '만인의 행복과 번영'을 위해 쓸 수 있도록
한 사람의 지혜로운 손에 모아준 것이기 때문이다.

좋은 영향력

선거에 당선된 정치인이 운외옹을 뵙고 정치의 도를 물었다.
운외옹은 그에게 차를 한 잔 따라 주며 이렇게 말했다.
"세상 그 누구도 타인에게 영향을 주지 않는 사람은 없습니다.
다만 좋은 영향을 주느냐, 안 좋은 영향을 주느냐의 차이와
많은 영향을 주느냐, 작은 영향을 주느냐의 차이만 있을 뿐입니다.
하물며 국민을 섬기는 정치인이나 고위 공직자는 더 말할 나위가 없겠지요.
그들은 국민 모두에게 영향을 주는 아주 중요한 자리에 있습니다.
하여 자신이 어떤 영향을 주는 사람인지를 스스로 늘 물어야 할 것입니다.
그것은 자신을 정직하게 비춰주는 거울과 같으니까요.
그 누구든 세상을 위해 좋은 영향을 널리 전하고 싶다면
늘 겸허하게 자신을 직시하고 분골쇄신해야겠지요.
그리하여 가까이에 있는 사람은 물론이요 멀리에 있는 사람에게까지
좋은 영향을 줄 수 있다면 무엇을 더 걱정할 게 있겠습니까.
아울러 자신 이후의 후세에까지 좋은 영향을 줄 수 있다면
다시 무엇을 더 바라겠습니까."

본보기가 되는 삶

일생 판화에 글과 그림을 조각했던 작가가
자신의 마지막 작품에 다음과 같은 글을 새겨 넣었다.
「생의 끝에 도달했을 때 무엇을 얻을 것인가.
무엇을 위해 어떻게 살든 삶은 지나가는 것이지만,
자신의 삶으로 세상에 빛이 되는 사람이 있고
자신의 발자취로 세상에 새로운 길이 되는 사람이 있다.
어디서 무엇을 하며 어떻게 살든
스스로 하나의 삶의 본보기가 되는 것은
세상을 밝히는 가장 웅대한 빛이다.
그것은 망망대해 속의 등대처럼
만인의 좌표가 되고 세상의 준칙이 된다.
그 무엇으로든 새로운 본보기의 삶을 살아가는 것
이는 지상 최고의 예술이자 가장 확실한 가르침이다.」

공존공생

어느 대기업 회장이 은퇴하면서
자신의 전 재산을 기부해서 복지사업에 투신했는데,
그는 자식들에게 자신의 뜻을 이렇게 피력했다.
「타인의 불행 위에 서는 행복은 행복이 아니다.
어떤 경우도 남의 불행 위에
자신의 행복을 쌓아서는 안 된다.
세상이 불행한데 나 홀로 행복한 것 또한 마찬가지다.
성공한 이들은 성공을 나누어야 하고
행복한 이들은 행복을 나누어야 한다.
성공과 행복은 결코 혼자만의 것도 아니며
혼자서 다 누려서는 안 되는 것이기 때문이다.
그것은 세상을 치우치게 만들고 서로를 소외시킨다.
나무가 혼자서는 숲을 이루지 못하는 것처럼
나밖에 모르는 것은 세상에 아무런 가치가 없다.
세상에 가치가 있는 것은 나눔과 상생의 원 안에서
서로가 서로에게 사랑한 손길이 되는 것뿐이다.」

가장 가치 있는 사람

어떤 대학생이 어떻게 살아야할지를 고민하다
문득 이런 생각을 하게 되었다.
'어떤 사람이 이 세상에 가장 가치 있는 사람일까?
어떤 삶이 이 세상에 가장 가치 있는 삶일까?'
부자가 이 세상에 가장 가치 있는 사람일까,
천재가 이 세상에 가장 가치 있는 사람일까,
성인이 이 세상에 가장 가치 있는 사람일까.'
그는 고심 끝에 친구에게 이에 대한 생각을 물었는데,
그 친구는 잠시 후 이렇게 답했다.
"이 세상에 가장 가치 있는 사람은
가장 많이 가진 사람도, 가장 똑똑한 사람도 아니요
무엇으로든 세상에 가장 도움이 많이 되는 사람이 아닐까.
세상을 더 건강하고 아름답게 만드는 사람,
그 무엇을 하든 자신의 소명 안에서
세상에 필요한 사람이 되는 게 가장 중요한 게 아닐까?"

좋은 선생이란

좋은 선생은 학구적이고 지적 호기심이 많아서
끊임없이 배우며 지성의 울타리를 넓혀간다.
좋은 선생은 학생이 복종만 하기를 바라지 않으며
저마다의 개성과 자율성을 존중할 줄 안다.
좋은 선생은 자기의 지식이나 생각만 옳다고 여기지 않으며
다른 견해를 존중할 줄 알며 토론하기를 좋아한다.
좋은 선생은 자신의 자존심을 중요하게 여기듯
제자의 자존심도 소중히 여길 줄 안다.
좋은 선생은 우월감이나 자격지심에 빠지는 것을 경계하여
스스로 권위를 내세우거나 힘을 남용하지 않는다.
좋은 선생은 자신의 부족함이나 실수를 겸허히 인정할 줄 알며
제자의 실수나 부족함을 풀씨처럼 품어 안을 줄 안다.
좋은 선생은 학생이 질문하는 것을 좋아하며
그것에 기꺼이 성실하게 답할 줄 안다.
좋은 선생은 편애와 차별이 얼마나 큰 상처를 준다는 것을 알기에
마음이 치우치지 않으려 노력한다.
하지만 그렇지 않은 선생은 늘 이와 반대로 한다.

네 가지 삶의 방식

자신에게도 이롭고 남에게도 이로운 일이 있다.
자신에게는 이롭고 남에게는 해가 되지 않은 일이 있다.
자신에게는 이롭지만 남에게 해가 되는 일이 있다.
자신에게도 이롭지 않고 남에게도 해로운 일이 있다.
모든 사람과 모든 일이 이에서 벗어나지 않는다.
이 네 가지 삶의 방식 중 어떤 방식으로 살아가느냐에 따라
대인이 되느냐 소인이 되느냐가 결정되고
세상에 필요한 이가 되느냐 그렇지 않은 이가 되느냐가 결정된다.

새로운 길을 여는 사람

길에는 이미 나 있는 길과 새로 만들어지는 길이 있다.
세상의 숱한 사람들 속에도 딱 두 가지 사람이 있으니,
하나는 이미 있는 길로 가는 사람이요
또 하나는 새로운 길로 가는 사람이다.
이미 있는 길로 가는 이는 보통 사람이요
새로운 길로 가는 이는 평범을 거부하는 사람이니
세상에 빛나는 스타나 천재나 영웅들은
새로운 길로 가는 이들 속에서만 나온다.
그들은 무엇보다 자신의 비전을 믿었던 사람이요
한 시대에 빛과 바람을 던진 존재들이다.
새로움을 추구하는 이는 세상의 저항에 부딪치지만
세상이 늘 다채롭게 변화하고 성장하는 것은
그처럼 새로운 길을 가는 이들이 끊임없이 이어지기 때문이다.

동고동락(同苦同樂)

어느 대선 후보가 운외옹을 찾아와 도(道)를 물었다.
"사람들의 기쁨을 나의 기쁨으로 여기고
사람들의 슬픔을 나의 슬픔으로 여기고
사람들의 고생을 나의 고생으로 여기고
사람들의 행복을 나의 행복으로 여기고
사람들의 번영을 나의 번영으로 여기는 것
그렇게 천하 만인의 고락을 함께하는 마음
그것이 성인의 마음이요 하늘의 마음입니다.
모든 도는 사랑과 하심으로 통하는 법이지요.
항상 그런 마음으로 사람들을 대한다면
만인의 마음을 얻을 수 있을 것입니다."

잘못된 지출

기자가 경제학자에게 인류 번영의 길을 묻자 그는 이렇게 답했다.

“지구별에 1분 동안 굶주림으로 사망하는 이가 5~10명 정도 됩니다.

반면 전 세계가 1분 동안 군사비로 사용하는 돈은 13억 3천 정도나 됩니다.

하루에 고작 1, 2분 정도만 인류가 군사비를 사용하지 않는다면,
즉 그 군사비로 굶주린 사람을 돕는다면
세상엔 굶어죽는 사람이 한 사람도 없을 것입니다.
만일 인류가 고작 하루에 서너 시간만 군사비를 사용하지 않고
그 돈으로 서로의 행복과 번영을 위해 썼더라면
서로 밥그릇 쟁탈을 위한 전쟁은 할 필요도 없을 것이요,
인류의 복지는 이미 엄청난 수준이 되었을 것입니다.
만일 전 인류가 그 천문학적인 군사비를 전혀 사용하지 않고
그 돈을 오로지 서로의 행복과 번영을 위해 쓴다면
인류의 모습이 어떻게 변할지 상상조차 하기 어려울 것입니다.”

인류의 비극

정치학자가 운외옹께 물었다.
"인류의 가장 큰 문제점은 무엇이라고 생각하시는지요?"
"인류는 너무나 거대한 무지 속에 있습니다.
그 때문에 번영과 행복을 위해 써야 할 힘을
부질없이 너무나 낭비하고 있습니다.
인류가 쌓은 지성엔 무한한 가능성이 있음에도,
우리가 할 수 있는 수많은 일들을 모르는 것
이기심보다 사랑으로 해결할 수 있는 것이
훨씬 더 많고 많음을 자각하지 못하는 것
그것이 인류의 가장 큰 비극일 것입니다.
서로 마음을 모으면 지상낙원을 만들 수 있다는 것,
우리에겐 이미 그런 힘이 충분히 있다는 것
그것을 제대로 알았더라면 인류는 진작
차별과 증오 대신 이해와 우정을,
배척과 분쟁 대신 연대와 협력을,
공포와 전쟁 대신 평화와 공영을 택했을 것입니다."

간디와 셰익스피어

어느 사학과 교수가 학생들에게
간디에 대해 이렇게 이야기했다.
"나는 간디를 셰익스피어와도 바꾸지 않겠다.
만약 셰익스피어가 진정 위대한 대문호였다면,
하여 그들의 의식 수준을 조금이라도 높여주었다면
영국이 남의 나라를 침략해서 200년이나
자신들의 식민지로 삼지도 않았을 것이요,
흡혈귀처럼 그렇게 다른 나라의 고혈을 빨아
자신들의 온갖 영화를 채우는 짓을 하면서도,
'셰익스피어를 인도와도 바꾸지 않겠다'와 같은
파렴치하기 짝이 없는 망발은 하지 않았을 것이다.
만약 영국에 간디 같은 이가 한 명만 있었다면
그들도 전쟁이 아니라 무폭력의 가치를 조금은 알았을 것이요,
무엇이 인류가 추구해야 할 진정한 가치며
무엇이 진정 부끄러워해야 할 일인지를 조금은 알았을 것이다."

폭격이 약속한 미래

미국이 이라크전에 쏟아 부은 돈이
무려 1조 2천억 달러 정도라고 한다
그 돈으로 이라크 사람들에게 가장 필요한 것을
어려운 이웃을 돕듯 친구에게 좋은 선물을 하듯
하늘에서 날아온 천사의 축복처럼 전해줬으면
65만의 민간인 사상자와
200만이 넘는 난민의 절규 대신 무엇을 얻게 되었을까
혹 이라크인들이 미국인을 가장 사랑하게 되지는 않았을까
평화와 협력으로 수많은 번영의 기적들이 만들어지진 않았을까
그랬다면 적어도 3천 200명의 미군도 죽지 않았을 것이요
최소한 서로가 서로를 해쳐야 할 이유쯤은 사라지지 않았을까
무엇보다 살육이 정의란 이름으로 포장되는 일은 결코 없지 않았을까

제6장
진리와 깨어남을 위하여

깨달음이란 어떤 경우에도
태연하게 죽는 것이라는 생각은 착각이었다.
깨달음이란 어떤 경우에도
태연하게 살아 있는 것이었다.

마사오카 시키

미지에 대한 겸손

삶의 비밀과 우주의 섭리에 대해
우리가 알고 있는 것은
우리가 모르고 있는 것의 일부에 지나지 않는다.
때문에 무한한 미지를 향해 늘 겸손하게 열려 있어야 한다.
그것이 배우는 사람의 기본자세다.
그러한 자세가 없으면
무지의 편견과 고정관념에서 벗어날 길이 없다.
그러한 상태는 문이 닫혀 있는 집과 같고,
뚜껑으로 덮혀 있는 그릇과 같다.

기도하는 법

제자가 스승에게 기도하는 법을 물었다.
"그대의 모든 행위에 사랑과 정성을 담아라.
그러면 그것은 하나의 기도가 될 것이며,
그 기도의 그림자는 삶의 모든 것에 드리워질 것이다.
어디서 무엇을 하든 이것을 실천할 수 있다면
더 더할 것도 없고, 더 뺄 것도 없다.
단지 그것으로 그대의 삶 자체가 기도가 될 것이다.
기도란 사랑과 정성으로 마음을 모으는 것에 지나지 않는다.
내가 움직이는 모든 발걸음에 그것이 담긴다면
내 모든 발걸음이 기도가 될 것임은 자명한 일이 아니겠는가."

가장 중요한 앎

삶에 고민이 많던 어떤 이가 성자에게 물었다.
"인생에서 알아야 할 가장 중요한 것이 무엇입니까?"
"자기 존재에 대한 진실과 본질을 아는 것
변치 않는 삶의 섭리를 아는 것
무엇을 위해 살아야 하는지 그 의미를 아는 것
자신을 받아들이고 사랑하는 법과
타인을 이해하고 사랑하는 법을 아는 것
자신이 한 잘못과 부족함을 아는 것
자신이 해야 할 일과 하지 말아야 할 일을 아는 것
사랑과 행복은 오직 자신이 만드는 것임을 아는 것
마음의 시작과 끝이 무한 속에 있음을 아는 것
현상 이면엔 늘 보이지 않는 세계가 있음을 아는 것
그리고 무엇보다 이 모든 것이 실은
늘 하나로 연결되어 있음을 아는 것입니다."

영혼의 거울

어느 수도원엔 이런 글귀가 적혀 있었다.

「거울만 나를 비추는 거울이 되는 게 아니다.
그 속에서 나의 모습을 발견할 수 있다면
무엇이든 나를 비추는 거울이 될 수 있다.
어떤 이의 말 한 마디, 책 속의 좋은 구절,
영화의 한 장면, 사람들의 삶의 모습들이
모두 나를 되돌아보게 하는 좋은 거울이 될 수 있다.
그러나 수많은 거울 중에도 최고의 거울이 있으니,
그것은 마음을 비춰볼 수 있는 거울이다.
자신의 생각과 욕망을 다 내려놓고
하늘의 빈 마음에 자신을 비춰볼 수 있는 이는
자기 삶과 영혼의 모든 것을 또렷이 보게 될 것이다.」

사랑의 우물

퍼도 퍼도 마르지 않는 우물처럼
내 안에 퍼도 퍼도 마르지 않는
사랑의 근원이 있음을 아는 것
이것이 내 안에 신과 하늘에 닿는 길이다.
내 마음의 밑에 우주의 심연이 있으니
모든 것은 주는 만큼 줄어드는데,
사랑의 우물은 퍼면 펄수록
오히려 더 커지고, 더 깊어진다.
주면 줄수록 더 커지는 것,
또 그것으로 우리를 하나되게 하는 것
그것은 오직 사랑뿐이다.

사랑과 자유

사랑은 무한한 자유의 입구다.
사랑은 얼어 있는 모든 마음을 녹인다.
하여 얼어 있던 삶의 모든 것을 녹인다.
하늘로 끝없이 열리는 마음처럼
사랑은 나라는 테두리를 지운다.
사랑은 나 아닌 것으로 나를 확장시킨다.
내 안에 걸리는 게 없는 것보다 더 큰 자유는 없다.
내가 무한히 확장되는 것보다 더 큰 자유로움은 없다.
물결 사이를 유유히 지나는 바람처럼
사랑은 나로부터 자유로워지는 일이다.
그것으로 모든 것으로부터 자유로워지는 일이다.

깨어나기

무지라는 꿈에서 깨어나야 한다.

증오라는 꿈에서 깨어나야 한다.

아상이라는 꿈에서 깨어나야 한다.

착각이라는 꿈에서 깨어나야 한다.

편견이라는 꿈에서 깨어나야 한다.

차별이라는 꿈에서 깨어나야 한다.

배척이라는 꿈에서 깨어나야 한다.

오만과 우월감이라는 꿈에서 깨어나야 한다.

분리와 미망이라는 꿈에서 깨어나야 한다.

나를 가두는 모든 꿈들에서 깨어나야 한다.

깨어나기 전에는 끝내 그것이 모두

자기 마음이 만든 환상임을 알지 못하므로!

성인(聖人)

송하동자가 하루는 운외옹께 물었다.
"어떤 사람이 성인인가요?"
운외옹이 흰 수염을 쓰다듬으며 이르길
"의식이 무한히 깨어나서
삶을 늘 하나의 마음으로 보는 자이지.
타인의 아픔을 내 아픔으로 여기고
타인의 기쁨을 내 기쁨으로 여기는 이,
그리하여 만인의 행복 속에서 자신의 행복을 찾는 이,
모든 것이 하나로 연결되어 있음을 알기에
조건 없는 사랑으로 세상을 하나로 이어주는 이,
하여 치우침 없는 하늘의 마음처럼
모든 것은 기꺼이 품어 안을 수 있는 사람이란다."

성인이 성인인 이유

송하동자가 성인이 성인일 수 있는 이유를 묻자
운외옹이 이렇게 답했다.
"부모의 마음이란 언제나
자식의 불행을 자신의 불행으로 여기고
자식의 행복을 자신의 행복으로 여긴단다.
이와 같은 마음으로
모든 이의 슬픔을 자신의 슬픔으로 여기고
모든 이의 고통을 자신의 고통으로 여기고
모든 이의 행복을 자신의 행복으로 여기고
모든 이의 성공을 자신의 성공으로 여기는 이
하여 세상 모든 이를 자식처럼 사랑하는 사람
이로써 세상에 흔들리지 않는 기준이 되는 사람,
이것이 성인이 만인의 부모가 되고,
만인의 스승이 되는 본질적인 이유란다.

성자의 눈과 가슴

어느 수녀가 성당의 아이들을 데리고
운외촌을 방문했는데 한 소녀가
운외옹의 긴 흰 수염을 바라보며,
어찌해야 예수님을 사랑하는 거냐고 물었다.
이에 운외옹이 미소 지으며 이렇게 답했다.
"그건 예수님의 눈과 가슴을 닮는 거란다.
예수님의 눈으로 세상을 보고
예수님의 가슴으로 사람들을 대하는 것이지."
다른 한 소녀가 다시 물었다.
"어떻게 하는 게 예수님의 눈과 가슴을 닮는 건가요?"
"다른 사람의 아픔을 내 아픔으로 여기는 것
다른 사람의 기쁨을 내 기쁨으로 여기는 것이란다.
그러면 누구나 예수님의 눈과 가슴을 절로 닮아가게 된단다."

영웅과 성인

하루는 삼국지를 읽은 송하동자가 운외옹께
영웅과 성인의 차이를 물었다.
"영웅은 세상과 대적하는 이이고
성인은 세상과 조화하는 이란다.
대적하는 이는 싸움과 승패를 부르지만
조화하는 이는 사랑과 어울림을 부른단다.
영웅은 지략으로 세상을 이긴 자이지만,
성인은 무아로 자신을 이긴 자란다.
영웅과 성인을 하나로 하여
세상을 바꾸는 성웅(聖雄)이 되려 한다면
먼저 마음을 키워 성인부터 되어야 한단다."

천국과 지옥

하루는 송하동자가 운외옹께
'천국'과 '지옥'은 어디에 있는 것이냐고 물었다.
운외옹이 빙그레 웃으며 이르길
"천국과 지옥은 다른 어느 곳에 있는 게 아니라
단지 마음이 천국을 만들기도 하고, 지옥을 만들기도 한단다.
그러니, 천국이 있는 곳도 지옥이 있는 곳도
어찌 내 마음 바깥에 따로 있겠느냐?
천국에 있어도,
마음이 평온을 얻지 못하면 그게 어찌 천국이겠느냐?
천국이란 천국의 마음으로 머무는 곳이요
지옥이란 지옥의 마음으로 머무는 곳일 뿐.
모든 것은 다 마음이 만드는 것이니
천국도 지옥도 단지 내 마음 안에 있는 것이란다."

내면의 고요

스승이 명상을 배우는 제자에게 말했다.
“내면이 고요한 사람이라야
자유롭고 여유로운 마음을 얻을 수 있다.
내면의 고요는 언제나
마음을 내려놓을 때 생기기 때문이다.
내면이 고요한 사람이라야
고요한 눈빛을 가질 수 있고
고요한 말과 행동을 지닐 수 있으며
고요한 생각과 일들을 지을 수 있으니,
오직 내면이 맑고 고요한 사람이라야
세상의 시끄러움에서 벗어나 자적의 삶을 얻는다.
마음을 다스리는 것이 모든 힘의 시작이며
마음으로부터의 자유가 모든 평안의 시작이다.”

숨결의 바다

스승이 제자에게 명상법을 설명했다.
"바다에 밀물과 썰물이라는 파도가 있듯
우리의 숨엔 들숨과 날숨이라는 물결이 있다.
그윽이 앉아 바다의 파도를 바라보듯
자신의 숨의 물결을 고요히 바라보라.
하나의 호흡 속에도
저 광대한 바다와 같은 우주의 율려가 담겨있으니
숨의 물결을 바라보는 것은
내 안에 우주의 숨결을 느끼는 일이요,
마침내 내 영혼의 바다에 이르는 길이 될 것이다."

득도

득도에 조바심이 난 제자가 득도의 빠른 방법을 물었다.
스승이 말하길
“그대는 정반대로 가고 있다.
그대의 그 조급한 마음을 편히 쉬게 하라.
그대의 모든 마음과 생각들을 완전히 내려놓아라.
깨달음이 찾아오지 않는 건
흙탕물처럼 마음이 계속 부산하게 움직이기 때문이다.
깨달음은 고요한 내면의 심연과 친하다.
자신의 마음을 관조하면서
마음이 온전히 쉴 수 있도록 내버려두면
마음은 절로 고요하고 편안해질 것이다.
비와 구름이 다 걷힌 텅 빈 하늘처럼
흔들리지 않는 마음의 고요와 평온을 찾는다면
이것이 깨달음이 아니고 그 무엇이겠는가.”

가장 내려놓기 힘든 것

하루는 운외옹이 송하동자에게 화두를 하나 내렸다.
“사람이 일생 동안 가장 놓기 힘든 것이 무엇이겠느냐?”
송하동자가 숱한 답을 내었지만 모두가 정답이 아니었다.
그래서 운외옹이 힌트를 하나 내었다.
“뭇 사람이 일생 동안 잠시도 놓지 못하고
늘 자기 안에 가지고 다니는 것이란다.”
송하동자는 일주일이 지나도 답을 알지 못하자
운외옹이 미소를 지으며 이렇게 말했다.
“그것은 바로 자신의 마음이란다.
때로는 태산보다 무겁고 굴레보다 더 괴로우니
누구든 자기 마음을 다 내려놓을 수 있다면
그 순간 모든 근심 걱정과 두려움이 다 사라질 것이다.
마음은 놓는 만큼 자유로워지는 법이니,
이는 삶의 집착과 얽매임에서 풀려나는 유일한 길이요
이것이 바로 지상선(地上仙)이 되는 비결이란다.”

각기 다른 세상

양자물리학을 연구하는 학자가
운외옹께 인식과 세상의 관계를 물었다.
"우리는 모두 다 자신의 마음으로 세상을 보죠.
그래서 우리 모두는 같은 세상에 살지만
또 각각 다른 세상을 살아간답니다.
나비와 두더지와 돌고래가 보는 세상은
우리 마음에 비친 세상과 결코 같지 않을 것입니다.
모든 것은 마음에 비쳐진 대로 보이는 것이니
누구나 자신이 보는 세상이 바로
자신이 살고 있는 유일한 세상이 됩니다.
인식의 세계는 언제나
체험의 세계와 직결하는 법이니까요.
그런 면에서 보면 우리 삶과 세상도
결국은 언제나 각자의 마음 안에 있을 것입니다."

자기 안의 세상

누구나 일생 '자신'을 부둥켜안고 살아간다.
부와 성공을 부둥켜안고 살아가는 사람,
명예와 학식을 부둥켜안고 살아가는 사람,
자존심과 우월감을 부둥켜안고 살아가는 사람,
상처와 분노를 부둥켜안고 살아가는 사람,
과거와 회한을 부둥켜안고 살아가는 사람,
예술과 낭만을 부둥켜안고 살아가는 사람,
사랑과 나눔을 부둥켜안고 살아가는 사람,
진리와 영성을 부둥켜안고 살아가는 사람,
자연과 우주를 부둥켜안고 살아가는 사람….
무엇을 안고 살아가든 그 속엔 그의 마음이 있다.
사람은 어디서 무엇을 하며 살든
결국 저마다 '자기 마음'만 부둥켜안고 살아가는 것이다.

사람이 하늘이다

어떤 이가 하루는 해월 최시형 선생께
왜 사람을 하늘처럼 공경해야 되냐고 물었다.
"사람이 없다면 신이 어떻게 존재할 수 있겠습니까.
신을 인지하는 것도 마음이 있기 때문에 가능한 것이니
사람의 마음이 아니면 신이 어디에 깃들 수가 있겠습니까.
그러니 신이 거하는 곳은 바로 우리의 마음에 있으니
사람을 하늘처럼 공경하는 마음은
모든 이 속에 있는 하느님을 사랑하는 마음이요,
그 마음으로 결국 우리의 영혼을 하나되게 하는 마음일 것입니다."

깨달음이란

어느 신부님이 운외옹께 깨달음이 무엇인지 물었다.
운외옹이 이르길
"깨달음이란 내면의 하늘이 열리어
자아라는 미몽에서 깨어나는 것이니
이는 내 안의 신성을 발견하는 일이요
신의 마음과 우리의 마음이 하나가 되는 일입니다.
햇살이 지상 어디에나 고루 비추듯이
신의 마음이란 '조건 없는 사랑'과 같습니다.
즉 우리의 마음이 언제나
조건 없는 무한한 사랑이 되는 것
이것이 신과 우리가 한마음이 되는 것이요,
더없이 숭고한 차원으로
우리 영혼이 완전히 깨어나는 길이랍니다.
오직 그때 자기 안의 우주를 볼 것이니
그것은 오직 자아라는 장벽을 넘어
우리의 의식이 무한히 확장될 때만 가능한 일일 것입니다."

자연의 마음

제가가 장자에게 자연의 도에 대해서 물었다.
장자가 이르길,
"자연과 저 우주엔 아무런 기준이 없다.
기준이 없기에 끝내
치우치거나 얽매이는 법이 없다.
오직 사람의 마음속에만 온갖 기준과 잣대가 있을 뿐이다.
내 마음의 잣대와 기준 너머엔
그 무엇에도 걸림 없는
자연의 마음이 있으니,
그 마음을 얻는 것이 무위요, 도라 할 것이다."

도(道)

어느 스님이 운외옹께 도가 무엇인지 물었다.
"도는 산 속에 있는 것이 아니라
세상 속에 있으며,
일상 밖에 있는 것이 아니라
모든 일상 속에 함께 있는 것이며,
내 밖에 있는 것이 아니라
내 안에 늘 함께 있으며,
가짐 속에 있는 것이 아니라
가짐과 비움 사이에 있으며,
먼지보다 작은 것에서
천지처럼 큰 것에까지 모든 것에 다 스며 있으니
어떤 것도 도가 아님이 없답니다.
이렇듯 삶의 모든 것이 도의 바다와 같으니
이를 잊지 않고 자신의 일거일동을 다스린다면
그것이 곧 도로 들어서는 첩경일 될 것입니다."

대도무문(大道無門)

송하동자가 운외옹께 대도무문이 무슨 뜻인지를 물었다.

"도에 문이 없다는 말은 도엔 안과 밖이 없다는 말이다.

안과 밖이 없다는 것은 들어가고 나옴이 없다는 것이니

안과 밖, 들고 남 없이 그 무엇이든 일체가 다 도라는 뜻이다.

도는 늘 삶 속에만 있고, 삶은 늘 도 속에만 있는 것이다.

밥을 먹는 것도, 대소변을 보는 것도, 잠을 자는 것도 다 도이니

이 중 하나만 잘못되어도 사람은 살 수가 없다.

그러니 천지에 이보다 더 중요한 도가 어디 있겠는가.

말이나 행동 하나에서 대소사에 이르기까지 모든 일이 마찬가지다.

모든 일엔 지켜야 할 순리가 있고 따라야 할 법도가 있으니

도는 저 멀리의 딴 곳에 있는 것이 아니라 언제나 일상의 모든 것 속에 있단다.

고로 도에 뜻을 둔 이는 단 하나의 행동도 허투루 할 수 없을 것이다.

무릇 삶과 도는 단 한 순간도 분리되는 법이 없다.

삶을 제대로 사는 것이야말로 도를 닦는 유일한 길인 것이다."

신의 눈

모든 것을 새롭게 보는 눈
모든 것을 기쁨으로 보는 눈
모든 것을 사랑으로 보는 눈
모든 것을 축복으로 보는 눈
모든 것을 포용으로 보는 눈
모든 것에서 조화를 보는 눈
모든 것에서 섭리를 보는 눈
모든 것에서 완전함을 보는 눈
모든 것의 안과 밖을 함께 보는 눈
모든 것의 시작과 끝을 함께 보는 눈
모든 것의 부분과 전체를 함께 보는 눈
모든 것의 순간과 영원을 함께 보는 눈
모든 것에 깃들어 모든 것과 하나가 된 눈
어디에나 있고 어디에도 없으면서
언제나 나를 바라보고 있는 단 하나의 깊은 눈

종교의 조건

진리와 만나지 않으면 종교가 아니다.
사랑과 만나지 않으면 종교가 아니다.
관용과 만나지 않으면 종교가 아니다.
평화와 만나지 않으면 종교가 아니다.
나눔과 만나지 않으면 종교가 아니다.
화합과 만나지 않으면 종교가 아니다.
맹신이나 무지와 만나면 종교가 아니다.
독선이나 폭력과 만나면 종교가 아니다.
단절과 배타성과 만나면 종교가 아니다.
차별과 편협함과 만나면 종교가 아니다.
우월감과 권력욕과 만나면 종교가 아니다.

참된 종교

종교 전쟁사를 연구하는 종교학자가
자신의 저서 말미에 이렇게 썼다.
「진리는 서로를 배척하지 않는다.
배척하는 것은 이념에 사로잡힌 증오의 마음뿐이다.
신의 마음은 무한한 사랑에 있다.
그래서 어떤 종교를 믿든
그 신앙이 진정 참된 것이라면
반드시 무한한 사랑과 만나게 된다.
모든 이들의 마음을
'무한한 하나의 사랑'으로 하나되게 하는 것
이것이 신이 우리에게 바라는 유일한 뜻일지니
인류의 마음을 사랑으로 합일케 하지 못한다면
그것을 어찌 참된 종교라고 할 수 있겠는가.
그 어떤 신이나 이념보다 항상 '사랑'이 먼저다.
사랑이 늘 증오나 배척보다 진리에 더 가까울 것이므로!」

올바른 신앙

신도가 신부님께 물었다.

"무엇이 가장 올바른 신앙입니까?"

"신앙이란 단지, 자기 존재에 대한

온전하고 완전하고 완벽한 믿음을 갖는 일입니다.

자기 자신에 대한

온전하고 완전하고 완벽한 진실을 구하는 일입니다.

자기 영혼에 대한

온전하고 완전하고 완벽한 사랑을 이루는 일입니다.

그것으로 내 안의 신성을 온전히 복원하는 것

이것이 모든 신앙의 시작이자 끝입니다.

이것이 그 전부의 전부입니다.

왜냐하면 신은 언제나 내 안에 있고,

나 또한 언제나 신 안에 있기 때문입니다.

안과 밖은 언제나 하나로 연결되어 있습니다.

그것이 둘이면서 하나일 수밖에 없는 사랑의 신성한 법칙입니다."

궁극의 신학

신을 만나기를 평생 소원했던 어떤 이가
어느 새벽 신으로부터 계시를 받았다.
"나를 다른 곳에서 찾지 말라.
나는 언제나 그대 속에 늘 함께 있다.
사랑이란 그대와 내가 하나가 되는 것이다.
나는 모든 것 속에서 모든 것으로 존재한다.
그래서 최상의 사랑은 자신을 넘어
자기 아닌 모든 존재와 하나가 되는 것이다.
삼라만상에서 신과 자신을 보는 것
이것이 지고의 완전한 사랑이며,
가장 신성한 사랑이며,
그대가 알아야 할 궁극의 신학 그 전부이다.
오직 그대가 완전한 하나의 사랑이 되어야만
그것으로부터 뻗어간 모든 것을 품어 안을 수 있을 것이다.
그러니 오직 자기 안에 무한한 사랑을 발견하라.
그것이 모든 것과 하나인 나를 만나는 유일한 길이다."

에고의 특성

다른 사람의 고통에 대해
자기 편할 대로 생각하거나 말하는 것,
자신의 입장만 알 뿐
상대방의 입장에 대해선 모르는 것,
자기의 이익과 행복은 소중하게 여기면서
타인의 이익과 행복은 안중에도 없는 것,
열등감와 우월감의 저울로
늘 타인과 자신을 비교하는 것,
자신은 늘 이해받고 존중받기를 바라면서
자신은 정작 타인에게 이해와 존중을 주지 못하는 것,
삶의 이치와 섭리를 다 모르면서
함부로 진리를 부정하고 세상을 제멋대로 생각하는 것,
거대한 미몽 속에 있으면서
무엇이 진정 삶의 진실인지 찾으려고 하지 않는 것,
우리는 모두 하나로 이어져 있어
그 어떤 것도 나 아님이 없음을 도르는 것,
하여 모든 것이 나를 비추는 거울임을 모르는 것,
그것이 에고의 보편적 특성이다.

에고라는 생각의 미로상자

사람은 누구나 태어날 때 하늘로부터
상자를 하나씩 받고 태어났다.
세상에서 가장 열기 어려운 이 상자는
눈에 보이지도 않고도 손에 잡히지도 않으니
그것은 자아라는 생각의 미로상자다.
이것은 영혼을 가두어 둔 일종의 봉인과 같느니,
하늘의 심오한 섭리가 담겨진
이 생각의 미로상자를 분해하여
스스로를 자유롭게 한 이는 유사 이래로
깨달음을 얻은 성자나 도인들뿐이었다.
이 무형의 상자는 오직 모든 번뇌와 집착을
다 내려놓을 때만 열리는 것이기 때문이다.

우월감과 열등감

에고란 너와 나를 가르는 분리의식이요,
분리의식은 반드시 비교하는 마음으로 기운다.
때문에 비교하는 마음은 언제 어디서든
끝임 없이 우월감과 열등감 사이를 오간다.
모든 관계에서 마음은 시소처럼 높아지고 낮아진다.
덩달아 너와 나의 가치도 비교의 잣대를 따라
높아졌다가 낮아졌다를 반복한다.
자아를 완전히 초월한 성자라면 모를까,
우리는 누구나 열등감과 우월감을 얼마간 함께 가지고 있다.
하지만 이에서 자유로울수록 정신적으로 더 건강할 뿐 아니라,
더 성숙해지고, 더 좋은 인격을 갖추게 된다.
그것은 어디까지나 수직적 사고에서 기인한
한쪽으로 기운 차별과 무시의 마음이요,
자아라는 환상에 묶인 작은 마음이요,
끝까지 서로를 분리시키는 마음이기 때문이다.

진짜 자존감

약자나 실패한 사람들에겐 대게 열등감이 많고
강자나 성공한 사람들에겐 대게 우월감이 많다.
열등감이 마음에 찌그러진 부분이라면
우월감은 마음에 튀어나온 부분일 것이다.
열등감이나 우월감 어느 쪽이든
이 자체가 하나의 불균형이요 마음의 질환이여서
삶에 반드시 그만큼의 문제를 만들어낸다.
이것은 끝없는 차별과 배타를 낳는 자궁과 같으니
크고 작은 상처가 도미노처럼 발생할 수밖에 없다.
열등감도 우월감도 다 에고가 낳은 미망의 산물이니,
이 양쪽에서 벗어나는 것이 마음공부의 본질이다.
어느 쪽으로도 기울지 않는 마음이라야
담대하고 광활한 마음의 수평선을 얻은 것처럼
누구를 만나든 늘 생명의 중심 위에 온전히 설 것이니
이것이 그 무엇에도 흔들리지 않는 진짜 자존감이다.

삶의 거의 모든 이유

모든 일에는 일어나는 이유가 있다.
인생사에 많고 많은 이유가 있겠지만
모든 물이 바다로 흘러가듯이
궁극에는 오직 하나의 이유로 만난다.
우리가 가진 작은 의식을 테두리를 넓혀
삶을 이해하고 사랑하는 법을 배우기 위해서,
오직 사랑만이 섭리요, 진리임을 깨우치기 위해서,
너와 나를 가르는 이분법을 넘어 진정한 자신을 만나고
내면의 숨겨진 영혼을 완전히 깨우기 위해서!
결국 삶의 모든 일들은 우리 내면의 숨겨진 차원을
깨우기 위해서 일어나는 일들일 뿐이며, 그런 점에서
그 모든 것은 깨달음으로 가는 화살표인 셈이다.

모든 순간의 친절

어떤 구도자가 스승에게 일생 동안 지킬 계율을 하나 부탁했다.
그러자 스승이 간단히 이렇게 말했다
"모든 사람에게 친절하라."
"그건 너무 뻔한 내용이 아닌지요?"
"이는 간단해 보이지만 결코 지키기가 쉽지 않은 일이다.
모든 사람에게 친절하려면
모든 사람에게 마음이 열려 있어야 하고,
아울러 늘 이해와 배려가 앞서야 하며
마음이 늘 평온해야만 제대로 실천할 수 있는 일이다.
친절은 모든 사람에게 사랑의 작은 씨앗을 뿌리는 일이다.
모든 사람에게 친절하고, 모든 순간에 친절하라!
이것만으로도 일생 자신을 다스리는 데 부족함이 없을 것이다."

공덕을 쌓는 법

어느 가난한 불자가 고승께 공덕을 쌓는 법을 물었다.

"어떻게 하면 공덕을 가장 많이 쌓을 수 있을까요?"

"대부분의 사람들은 빈부귀천으로 사람을 가르고 차별한답니다.
이것이 흔히 불교에서 말하는 '중생'들이 살아가는 방식이지요.
하지만 그런 의식에서 벗어나는 길은 그 반대로 살아가는 것입니다.
어디서 그 누구를 만나든 그를 부처나 하느님 대하듯 공경하십시오.
아울러 공경하는 그 마음으로 늘 타인을 돕고 축복하십시오.
모든 것을 다 잊고 바라는 것 없이 늘 그렇게 행하는 것이 가장 좋습니다.
그러면 나날이 공덕이 쌓이는 것은 물론이요
마음이 날로 더 경건해질 것이요, 더 깊고 더 넓어질 것입니다.
나를 내려놓고 온 마음을 다해 그렇게 해보세요.
그렇게만 할 수 있다면 그대는 세상에 귀한 사람이 될 것이요
그 행위가 반드시 당신의 삶을 구할 것입니다."

상대성의 거울

거울을 보면서
내가 미소 지으면 거울도 미소를 짓고
내가 얼굴을 찡그리면 거울도 찡그린다.
내 마음과 삶도 실은 이렇게 연결되어 있다.
내가 나를 부정하면 삶도 나를 부정하고
내가 나를 믿으면 삶도 내게 믿음을 주며,
내가 나를 싫어하면 삶도 나를 싫어하고
내가 나를 사랑하면 삶도 나를 사랑한다.
삶은 늘 내 마음을 따라 움직이는 까닭에
삶에 불평하면 불편한 일들이 더 모이고
삶에 감사하면 감사할 일들이 더 모이다.
내가 삶을 대하는 방식과
삶이 나를 대하는 방식은 정비례한다.
삶은 언제 어디서든 나를 비추는 거울이기 때문이다.

존재의 고리

학생이 없으면 선생도 없다.
직원이 없으면 사장도 없다.
독자가 없으면 저자도 없다.
고객이 없으면 기업도 없다.
국민이 없으면 대통령도 없다.
자식이 없으면 부모도 없다.
왼쪽이 없으면 오른쪽도 없고
앞면이 없으면 뒷면도 없듯이,
네가 없으면 곧 나도 없으니
너는 내 생명의 뿌리요 근거다.
삶이란 관계성과 상대성의 그물과 같으니
혼자서는 그 어떤 존재도 될 수 없다.
우리는 모두 생명의 양면처럼 서로 연결되어 있다.
이것이 너를 사랑하는 것이 곧 나를 사랑하는 것인 이유이며,
아울러 이 섭리 앞에 우리 모두가 겸허히 고개 숙여야 하는 이유이다.

겸손이라는 것

자신의 마음을 비워
상대방의 이야기를 귀 기우려 들을 줄 아는 것,
나의 기준으로 타인을 함부로 평가하기 전에
생각의 여백을 가지는 것,
타인의 장점과 성취를 인정하고 존중하는 것,
자신의 실수나 부족함을 받아들이고 개선하는 것,
자신이 모르는 것에 대해 겸허히 인정하고
끊임없이 배울 줄 아는 것,
내가 늘 존중 받기를 바라듯
그 마음으로 상대방을 존중하고,
내가 진정 행복을 원하듯
타인 또한 그러함을 아는 것,
삶 속엔 늘 내가 모르는 더 큰 섭리가 있음을 받아들이고
우주의 신비와 미지에 대해 열려있는 것,
그리고 무엇보다
우리 모두가 하나로 이어져 있어
생명의 존엄 안에서
더 높고 낮음이 없음을 진실로 아는 것.

전생과 환생

어떤 이가 운외옹께 전생이 있느냐고 물었다.

“순환은 우주의 변함없는 이치랍니다.

봄·여름·가을·겨울은 해마다 되돌아오지요.

하지만 올해의 봄과 여름은 지난해의 봄과 여름과 같지 않지요.

심장에서 출발한 피가 다시 심장으로 돌아오고

돌아온 후에는 또 다시 출발하지요.

씨앗에서 열매가 나오고, 그 열매에서 다시 씨앗이 나옵니다.

순환이란 생명의 변함없는 이치여서

우리의 영혼도 늘 씨앗과 열매 사이를 순환한답니다.

우리의 삶 또한 세상에 뿌려진 하나의 씨앗이요 열매니까요.

전생과 현생과 내생이 있다는 것은

과거와 현재와 미래가 있다는 것과 같은 이치가 아닐는지요.

삶과 죽음은 끝도 시작도 없는 거대한 원과 같으니까요.”

도담(道談)

성철 스님이 운외옹(雲外翁)을 만나 이렇게 말을 던졌다.
“산은 산이요, 물은 물이로다.”
이에 운외옹이 화답하기를
“산도 그대로요, 물도 그대로다.”라 하였다.
이에 옆에서 차를 따르던 동자가 이르길
“차가 찼던 잔이 비워지니,
공수래 공수거(空手來空手去)이고,
비워졌던 잔이 다시 차고 또 비워지니,
차는 만왕만래(萬往萬來)이나 그 그릇은 변함이 없도다.”
이런 도담이 찻잔 속 세 사람의 미소에 은은히 번지고 있었더라.

전생 문답

스승님,
저는 제 여러 전생에 대해 알고 싶습니다.
저는 어떤 사람으로 어떻게 살았을까요?

그대는 전생에 거지였고 왕이었고,
노예였고 귀족이었고, 또 여자였고 남자였네.
지상에 존재했던 모든 사람이 그대의 전생이라네.
세상에 그대가 아닌 사람은 없으므로,
언제 어디서든 모든 이는 나와 하나이므로!
신이 모든 이의 숨결과 가슴에 깃들어 있듯
내 안에 모든 이의 삶의 역사가 銀河처럼 들어있네.
그것을 제대로 아는 것이, 오직 그것이
그대 자신이 누구인지를 알게 할 것이며, 또
그대 영혼의 문을 깨달음 쪽으로 활짝 열어줄 것이네.

- 지은이 **김주수**

1974년 부산 출생. 한국학 중앙연구원 한국학 대학원 졸업(문학박사).

저서로는

- 한시 에세이집 『한시의 그늘에 서서』
- 연암어록평설집 『바람에 떨어진 고금』
- 행복 우화 『베풂의 법칙』
- 사색록 쓰기 가이드북 『내 영혼의 사색록 쓰기』
- LQ 향상에 초점이 맞춘 글쓰기 교재 『LQ 글쓰기 스터디』(2015년 세종도서 선정)
- 영성지능에 바탕을 둔 독서법 전략서 『SQ 천재독서플랜』
- 아포리즘 작품집 내 영혼의 조각보, 『나를 깨우는 천 개의 생각』
- 시집 『소나무 물고기』, 『바람이 숲을 안을 때』 등이 있다.

경성대와 상지대에서 강의했으며, 지금은 마인드통합 심리상담센터(https://blog.naver.com/kjsujuhanl)에서 심리상담을 하고 있다.

마음의 숲에서만 들리는 작은 이야기

2021년 9월 25일 1판 1쇄 인쇄
2021년 9월 30일 1판 1쇄 발행

지은이 : 김 주 수
펴낸이 : 한 정 주
펴낸곳 : 교 육 과 학 사

지은이와
협의하에
인지생략

경기도 파주시 광인사길 71
전화 (031) 955-6956~8 / 팩스 (031) 955-6037
Home-page : www.kyoyookbook.co.kr
E-mail : kyoyook@chol.com
등록 : 1970년 5월 18일 제2-73호

잘못된 책은 바꾸어 드립니다.
Printed in Korea.

정가 15,000 원
ISBN 978-89-254-1637-3